AF612792

ORACIÓN

Swāmī Abhishiktānanda

ORACIÓN

Una mirada a la oración contemplativa en la espiritualidad oriental y occidental

Prólogo
Dr. James D.M. Stuart

2020

pequeñatierra

Traducido del inglés: *Prayer. Exploring contemplative prayer through Eastern and Western spirituality*. Indian Society for Promoting Christian Knowledge (ISPCK) 2015

Asociación Pequeña Tierra
www.pequenatierra.com
pequenatierra@gmail.com
facebook.com/pequenatierra

Tfno.: (+ 34) 696 516 630

Diseño de la cubierta: Safekat S.L.
Foto de portada: Pep Barco
Fotografías cedidas por Delhi Brotherhood Society
Impreso por: Safekat S.L
Impreso en España
Printed in Spain

ISBN: 978-84-09-22868-3
Depósito legal: HU-132-2020

Índice

Prólogo

ORACIÓN COMPENDIA el relato más exhaustivo de cuanto Swāmī Abhishiktānanda quiso decir sobre el tema, aunque de algún modo toda su obra escrita es una invocación continua a la importancia de la vida contemplativa. No hace énfasis en las técnicas de oración, aunque contiene algunas sugerencias. Para el autor el punto esencial es el despertar espiritual, y para ello tenemos que dirigir la mirada en la buena dirección.

La definición de oración de Swāmī Abhishiktānanda es muy sencilla y aún así, cuando se «desempaqueta» se puede ver que va muy lejos. «Vivir en oración constante, llevar una vida contemplativa, no es más que vivir en la Presencia real de Dios»[1]. Esta presencia real de Dios está ahí para todas las personas, tanto si son conscientes de ello como si no, «... pues en Él vivimos, nos movemos, y existimos» (Hch 17:28), como Pablo recordó a los atenienses.

[1] Ver *infra*, pp. 32-33.

Dios es un misterio de Presencia mutua, y la creación es en cierta medida el excedente de esa Presencia, porque nada puede existir separado de su Presencia. La humanidad cuenta con el privilegio de ser consciente de la Presencia y corresponder a ella. Esto no es un privilegio de unas pocas almas escogidas, sino que es nuestro derecho natural.

Por supuesto que estamos familiarizados con la denominada «práctica de la Presencia de Dios»[2], pero desafortunadamente se ha malinterpretado y esto puede desorientar a la gente si cree, por ejemplo, que significa estar continuamente pensando en Dios, o figurarse de un modo u otro su Presencia. Esto es doblemente frustrante, en primer lugar porque —frecuentemente— sólo podemos hacerlo unos pocos momentos al día, ya que tenemos obligaciones que requieren toda nuestra atención. En segundo lugar por un motivo fundamental: las representaciones que nos hacemos de Dios, o las ideas que construimos, son únicamente imágenes o ideas sobre Dios, no son Dios mismo; todas ellas se quedan infinitamente cortas frente a la realidad. Suponer que Dios es lo que pensamos de Él no es más que una forma de idolatría. En nuestra condición humana las imágenes, signos y símbolos son necesarios, pero su función es siempre apuntar más allá de ellos mismos. Es significativo que incluso Jesús tuvo que desaparecer de la vista y el oído de sus discípulos para que pudiera estar verdaderamente presente a través del Espíritu Santo.

La conciencia de la Presencia no es ningún tipo de consciencia sensible, psicológica o incluso mental. «Tiene lugar en el origen y en el mismo centro de nuestra conciencia de

---

[2] *La práctica de la presencia de Dios* es una recopilación de las enseñanzas del hermano Laurent, monje carmelita francés (1614-1691)

que *somos*, y de que nosotros mismos somos, muy lejos de cualquier cosa de la que podamos tomar conciencia en el nivel de la percepción»[3]. Esta fe, esta oración y contemplación no es por tanto una ocupación a tiempo parcial que pudiera rivalizar con nuestras otras ocupaciones. Por el contrario penetra en todas nuestras actividades y las transforma, dirigiendo su finalidad hacia Dios. También abre nuestros ojos al misterio de Dios a lo largo del universo, puesto que todo en la creación es una revelación y manifestación de Dios.

A las personas contemplativas se les reprocha a veces su indiferencia ante el mundo y los humanos, y que así eluden sus responsabilidades. Apenas puede haber un mayor equívoco sobre la contemplación. La única indiferencia que la persona contemplativa busca practicar es hacia su pequeño yo. Porque su visión de la Presencia —manifestada en toda criatura, especialmente en la humanidad, y en todas las cosas llamadas a la plenitud y la perfección en Dios— debería estar especialmente implicada y provista para un verdadero y eficaz servicio al mundo.

«Oración es ver a Dios, reconocer y adorar su Presencia, su gloria en todas las cosas, en todos los seres, en todos los seres humanos y en cualquier otra criatura con la que el tiempo y el curso de los acontecimientos nos ponen en contacto. Todo aquel a quien la Providencia le lleva a cruzarse en mi camino, como compañero de viaje o un encuentro fugaz, para mí es un signo y una manifestación de Dios»[4]. Se puede considerar la oración, así entendida, como algo que no nos involucra con los demás; sin embargo es todo lo contrario: profundiza y purifica nuestras relaciones.

---

[3] Ver *infra*, pp. 48-49.

[4] Ver *infra*, p. 57.

La oración tampoco nos requiere que cerremos los ojos a la maravilla y belleza del mundo. Se puede decir que «a través de nuestros ojos y de todos los sentidos, Dios mismo contempla su propia creación, y se alegra de encontrar que todo en ella es bueno... muy bueno[5] (Gn 1:10-31)

Orar sin cesar, como Pablo nos exhorta, no es pues un propósito imposible. No es tanto un pensar consciente en Dios, sino actuar continuamente bajo la dirección de su Espíritu. Es vivir y obrar en Cristo; o mejor dicho, permitir a Jesús que viva libremente en nosotros su vida como Hijo de Dios[6] (Gal 2:20)

Muchos personas han experimentado ese despertar brusco que les abrió a una vida de altibajos, apartándolas de todo lo que hasta entonces era su base y poniéndolas solas ante Dios —a veces en la propia soledad de Dios mismo— desnudas y privadas de todo. Dios trató de este modo con Pablo, Agustín, Francisco de Asís y muchos otros. En un instante, Dios les zambulló en la realidad de su Presencia...»[7].

Pero, por lo general, «el desarrollo de nuestro sentido de la fe irá de la mano de nuestra firmeza en fijar la atención en la Presencia en *sí misma*»[8]. Necesitamos disciplina para reservarnos tiempos en los que estamos libres de otras ocupaciones, incluidos el rezo oral y el culto, y así poder dedicar toda nuestra atención íntegramente a la Presencia, conformada simplemente con ser, mirada vuelta hacia el interior, oídos en sintonía con el silencio interior, conscientes tan sólo de que sólo Dios es. Esto implica una reti-

---

[5] Ver *infra*, pp. 64-65.

[6] Ver *infra*, pp. 65-66.

[7] Ver *infra*, pp. 68-69.

[8] Ver *infra*, p. 69.

rada de las cosas externas en tanto que se toman como distracciones. En sentido estricto, no hay un afuera y adentro en el misterio de Dios y en la Presencia divina. Y quienes están iluminados en su interior por la gloria de esa Presencia, se dan cuenta de que no hay límites para esa gloria. Nada en la creación es exterior o extraño a ello, porque nada es exterior o extraño a Dios, y en Dios han encontrado, al fin, su hogar: el seno del Padre.

La experiencia que vivió Abhishiktānanda en India le convenció de que, por lo general, la Iglesia de su tiempo era demasiado activista, y que tanto en su obra como en su oración había perdido mucho de su dimensión contemplativa. Él consideraba que la acción sólo es verdaderamente efectiva cuando se purifica y emancipa mediante la contemplación, así que ambas son complementarias y no se contradicen. Confiaba que cuando los cristianos despertaran a su Fuente, al fin comenzarían a tomarse en serio y corresponder a las enseñanzas de Cristo en lo relativo a justicia, humildad, no violencia y amor.

Entre la infinita variedad de llamadas con las que el Espíritu conmueve a la humanidad, hay ciertos hombres y mujeres que están tan fascinados con esta Presencia que les es imposible apartar la vista de ella. Por tanto están ceñidos a vivir la vida lejos de la actividad humana normal. Esta posibilidad ha sido reconocida durante miles de años en el hinduismo, y normalmente toma la forma de *sannyāsa*: la renuncia a todas las ataduras terrenales por quienes se han percatado o buscan percatarse de la única Realidad. En la tradición cristiana hubo los Padres del Desierto, y la regla clásica de San Benito también ofrece un claro reconocimiento a quienes están llamados a la vida solitaria, una vez han probado muchos años de vida en comunidad. Y siempre encontramos ermitaños cristianos, además de las órdenes como los Cartujos y el Carmelo, que nunca han perdido la oración de silencio. Tampoco habría que olvidar la rica tradición ortodoxa de oriente, o los cuáqueros.

¿Cómo sugiere Abhishiktānanda que podemos recuperar la práctica de la dimensión contemplativa, y poder así responder a la llamada del Espíritu en nuestros días?

Primero, él ve de manera crítica ciertas formas de oración mental que se practican ampliamente en la Iglesia de occidente, especialmente la meditación y la oración afectiva. Por lo general, se entiende la primera como un pensar sobre «Dios, su existencia, sus atributos, su amor; en una evocación de Jesús, de María y los santos; en colmar la mente con sus pensamientos y ejemplos; en examinar la propia condición espiritual; en considerar cómo uno mismo debería servir a Dios mejor... y así sucesivamente»[9]. Por muy valiosa que sea, Abhishiktānanda señala que es una preparación para la oración, en lugar de un fin en sí mismo. Permanece en el plano intelectual, nos mantiene ocupados con pensamientos acerca de Dios; pero si nos detenemos aquí nunca llegamos al Dios viviente en sí mismo, por quien nuestras almas están sedientas.

La oración afectiva, con su fervorosa ambición, llama al corazón de Dios; representa la rendición; «diálogos» espirituales. Aunque más profunda que la meditación también se queda corta en su meta, y corre el riesgo de sensiblería. Dios es todavía un «objeto» para nosotros y a menudo nos encontramos conversando únicamente con una representación imaginaria, incluso si esta imagen anida en nuestro corazón.

Abhishiktānanda también considera la oración rogativa, en la que el alma confía sus necesidades al Señor con

---

[9] Ver *infra*, p. 91.

una sencillez ingenua. Es el reconocimiento existencial de nuestra debilidad y pobreza ante Dios, y la comprensión de nuestra completa dependencia de Él. Pero esta oración puede resultar extraordinariamente centrada en uno mismo, según sabemos, y puede distorsionar seriamente la vida de devoción si no se hace en verdad «en el nombre de Jesús». No se puede detener en el individuo que reza o en el individuo para quien se reza; su finalidad no puede ser otra que la plenitud del Espíritu en los corazones de todos.

Así llegamos al núcleo del asunto, que Abhishiktānanda contempló como la oración de silencio. Esta oración está presente en la tradición cristiana, y su esencia la encontramos contenida en la conocida máxima de Antonio, el ermitaño egipcio (?-356): «La única oración verdadera es cuando ya no se es más consciente de uno mismo rezando». También durante el Medievo, en la obra *La nube del no saber* se habla de apartar todos los pensamientos e ideas bajo «la nube del olvido», sin importar lo elevadas o valiosas que sean.

La tradición india se ha especializado en la oración de silencio y continuamente ha tratado de encontrar métodos que nos puedan ayudar a los humanos a entrar y viajar de forma segura por la vía del silencio. Métodos que genéricamente se denominan yoga, que según la definición de Patányali —el compilador de los Yoga sūtras— es «el cese de toda actividad mental». Los grandes maestros espirituales, desde los *rishis* cuya enseñanza está contenida en los primeros Upanishads a los sabios contemporáneos como Srī Ramana Maharshi, están a favor de una aproximación más sencilla y directa al verdadero Yo de cada cual. Esto se puede describir como un continuo discernimiento entre lo superficial y lo real, entre lo transitorio y lo eterno.

¿Qué es el Ser? Definir al verdadero Ser (el Ātman) es imposible. Sólo se puede experimentar, y únicamente mediante la gracia de Dios. Pero un símbolo o indicio cristiano útil es la imagen de Dios, en la que creemos hemos sido creados.

A menudo se recomienda una técnica muy sencilla, que Abhishiktānanda impartió en sus últimos años en los cursos que dirigía, denominados escuelas de oración. Consiste en adoptar una postura cómoda pero no descuidada, inhalar y exhalar suavemente, con toda la atención puesta en el acto de respirar. Destacar que también los hesicastas[10], en la tradición cristiana oriental, realizan este ejercicio durante la práctica de la oración de Jesús. Sin duda es una buenísima manera de aquietar la mente, que se puede hacer a cualquier hora.

El proceso de aquietamiento y vaciado de la mente conlleva el propósito de prepararnos para el encuentro final con el Ser o, como dirían los cristianos místicos, dando un paso adelante, el encuentro final con el Padre en la unidad del Espíritu Santo. Dios siempre está llamando a ir más allá, y nada sino Él nos puede dar satisfacción. Para todo lo demás debemos decir repetidamente *neti, neti*, «esto no, aquello no»[11] de los Upanishads, hasta que vamos más allá de nosotros mismos y nos zambullimos en la vastedad de Dios. Una de las frases favoritas de Swāmi Abhishiktānanda era «nuestro Dios es un fuego devorador» (Dt 4:24). Pero así, al fin, comprendemos por completo el antiguo dicho patrístico: «el silencio es la alabanza más elevada».

---

[10] Hesicasmo, doctrina y práctica ascética difundida entre los monjes cristianos orientales, a partir del siglo IV con los llamados Padres del Desierto. Su objeto es la búsqueda de la paz interior en unión mística con Dios, principalmente por medio de la soledad, como medio de huir del mundo, el silencio, y la quietud, para conseguir el control de los pensamientos, la ausencia de preocupaciones y la sobriedad.

[11] Brihadāranyaka Upanishad, 5.5.1.5.

Por último, Swāmi Abhishiktānanda recurre a la experiencia de India y de la tradición cristiana oriental para recomendar y practicar la «oración del Nombre», tomando del cristianismo ortodoxo la oración de Jesús como la forma más familiar para nosotros. Simplemente esto nos facilita los primeros e importante pasos para fijar nuestra atención errante y lidiar con las distracciones; pero en un estrato más profundo, cuando pasa hacia «adentro del corazón», es la mejor manera de permanecer consciente de Dios en todo momento, no necesariamente en el nivel de la conciencia, sino en una especie de trasfondo o sustrato que subyace a todo. La oración del Nombre es increíblemente rica, puesto que lleva consigo de un modo concentrado todo lo que se puede decir acerca del Misterio, todo aquello que los teólogos han escrito en incontables volúmenes, y a la vez también lleva directamente al alma al mismo centro, a la Fuente primordial.

JAMES D. M. STUART[12]

---

[12] **El Dr. James D.M. Stuart** (1915-2003) llegó a India en 1949 para trabajar en la Brotherhood of the Ascended Christ, [Hermandad del Cristo Ascendido] (fundada en Delhi en 1877 por la Iglesia Anglicana). También fue secretario de la Indian Society for Promotion of Christian Knowledge (Sociedad India para la Promoción del Conocimiento Cristiano, ISPCK, en sus siglas en inglés). Amigo muy cercano a Swāmi Abhishiktānanda, tradujo y editó la versión inglesa de muchos de sus libros. Durante un tiempo fue secretario de la Abhishiktānanda Society. Impartió una conferencia en el prestigioso Teape Lectures de la Universidad de Cambrigde en 1976, titulada: «Swāmi Abhishiktānanda, un estudio en la comprensión hindú-cristiana». Es autor de una de las más notables biografías de Swāmi Abhishiktānanda (*Swāmi Abhishiktānanda: his life told through his letters,* 1989). Galardonado con el título honorífico de Doctor en divinidad por la Universidad de Serampore (Bengala Occidental, India)

Este prólogo está tomado de una charla del Dr. James D.M. Stuart a la comunidad de Saint Mary the Virgin, en Wantage, Oxfordshire, Reino Unido, en 1976.

Nota del editor (edición en inglés)

EL DR. JAMES D.M. STUART, de la Brotherhood of the Ascended Christ me sugirió escribir sobre las reflexiones de su querido amigo Swāmi Abhishiktānanda respecto a la oración contemplativa, para asistir a los cristianos en su renovación espiritual interior. Swāmi Abhishiktānanda compuso un ensayo en inglés a finales de 1965, el único redactado originalmente en esta lengua. Después, entre 1966 y 1967, pasó mucho tiempo en Delhi, acogido por el mismo James D.M. Stuart, revisando el manuscrito, mejorando el estilo y el lenguaje con la ayuda de su anfitrión y otros amigos. Fue un trabajo agotador y, finalmente, este maravilloso y pequeño libro [con el título de *Prayer*] se publicó por primera vez en 1967 en Delhi, a cargo de la Indian Society for Promotion of Christian Knowledge [Sociedad India para la Promoción del Conocimiento Cristiano, ISPCK en sus siglas en inglés]. Ha sido la obra más difundida y popular de Swāmi Abhishiktānanda, y posteriormente traducida a varios idiomas con sucesivas ediciones.

Swāmi Abhishiktānanda escribió en su prefacio

> El libro fue escrito junto al Ganges, en estrecho contacto con la experiencia espiritual de los Upanishads... en él no hay nada técnico. Más bien busca ser un compañero de viaje en el camino que lleva hacia el *interior*[1].

Al igual que muchos de sus libros, *Oración* se escribió principalmente para un público cristiano, con el propósito de compartir su profunda comprensión de las cosas y experiencia contemplativa, enriquecidas a su vez por su propia tradición cristiana y su honda inmersión en la espiritualidad hindú. De este modo, Abhishiktānanda escribió a una amiga:

> Incluso aunque es muy elemental, a quienes lo entiendan les transmitirá muchas cosas. Su propósito esencial ha sido ayudar a los cristianos a entender algo de lo Real en términos que ellos puedan captar. Lo hubiera escrito de manera diferente caso de dirigirlo a los hindúes[2].

Inspirado por las tradiciones de occidente y oriente, Swāmī Abhishiktānanda ha realizado una gran contribución al diálogo interreligioso, al resaltar que la espiritualidad es esencialmente una y universal, más allá de conceptos y técnicas. En este aspecto, *Oración* es especialmente valioso porque, después de considerar diferentes enfoques de oración, lúcidamente nos recalca que en su forma más elevada es un estado del ser, y una constante contemplación de la Presencia de Dios:

---

[1] Ver *infra* p. 26.

[2] Carta a Odette Baumer-Despeigne (8 de marzo de 1968), publicada en J. Stuart, *Abhishiktānanda: his life told through his letters*. Delhi (ISPCK), 2000, p. 198.

> Que [este libro] despierte a la gente a la oración auténtica, esa del silencio en el corazón... La vida es tan bonita, a pesar de todo, cuando estás dispuesto en lo profundo del corazón. Y las circunstancias de nuestra vida, cualesquiera que sean, son únicamente la manifestación exterior de la Presencia única[3].

Al final de 1969, estando en Gyansu (cerca de la localidad de Uttarkāshi, en los Himalayas indios), Swāmī Abhishiktānanda tradujo *Oración* al francés. Añadió un nuevo capítulo con el título *Le chrétien en verité* [4] [El cristiano en verdad] cuyo propósito era:

> Expresar claramente y en términos no simbólicos la alta carga explosiva que contiene [*Oración*]... desmitificar el lenguaje utilizado a lo largo del libro y señalar la experiencia de Srī Ramana Maharshi y [el gran *rishi*] Yājnavalkya [cuyas enseñanzas quedan recogidas en el Brihadāranyaka Upanishad] en toda su pureza [5].

La edición francesa de *Oración* —ampliada y escrita con mayor soltura— se tituló *Éveil à soi, éveil à Dieu: essai sur la prière* [Despertar a sí, despertar a Dios: ensayo sobre la oración] y publicada en 1971 (Paris, Le Centurion); en 1972 se publicó en Londres en su versión inglesa original. Simultáneamente, Swāmī Abhishiktānanda comenzó a re-

---

[3] Carta a la hermana Marie Thérèse (17 de diciembre de 1968), en J. Stuart, *op.cit.*, p. 208.

[4] Este ensayo adicional se esbozó originalmente en 1960 en forma de notas escritas para el Carmelo de Lisieux (Francia). Posteriormente lo tradujo al inglés Mary Rogers y más adelante, en 1972, corregido por Swāmī Abhishiktānanda. Finalmente se publicó en India como una obra breve titulada *In spirit and truth*. Delhi (ISPCK), 1989.

[5] Carta a Raimon Pánikkar (5 de diciembre de 1969), en J. Stuart, *op.cit.*, p.122.

visar profundamente la obra en inglés basándose en la publicada en francés. Sin embargo no terminó esta labor y muchos años después el reverendo James Stuart tradujo al inglés esta última versión francesa, y utilizada en ulteriores ediciones del ISPCK desde 1989 hasta la actualidad.

Una guía sencilla y práctica, con el resplandor de las joyas de la sabiduría hindú y cristiana. *Oración* está reconocida, acertadamente, como un clásico y puede compararse a obras similares de autores místicos cristianos contemporáneos que han ahondado en la oración contemplativa, a través de la espiritualidad occidental y oriental. En concreto: Anthony de Mello, Hugo Enomiya-Lasalle, Bede Griffiths, William Johnston, Thomas Keating, John Main, Thomas Merton, Ama Samy, David Steindl-Rast, Vandanā Mātājī y numerosos pioneros en el entendimiento mutuo espiritual interreligioso.

* * *

En esta última edición revisada de *Oración* se ha añadido un nuevo prólogo a cargo del Dr. James Stuart —amigo íntimo, traductor y biógrafo de Swāmī Abhishiktānanda— que tradujo este libro de la versión francesa como ya he mencionado. Nuestro reconocimiento por su contribución, con un recuerdo franco y cariñoso.

Agradecemos también al Dr. Ashish Amos, secretario general del ISPCK, editor en India de las obras de Swāmī Abhishiktānanda durante más de cuatro décadas, por la nueva edición [en inglés].

También nuestra gratitud al P. Pierre-Françoise de Béthune y al Diálogo Monástico Interreligioso (MID, en sus siglas en inglés), que han hecho posible la publicación de esta nueva edición.

En la presente edición sólo se han realizado pequeños cambios para actualizar el contenido a la luz del posterior despertar espiritual de Swāmī Abhishiktānanda. Son mínimos y respetuosos, con la intención de alumbrar al lector la profunda experiencia interior de Abhishiktānanda. En relación al uso del género en el lenguaje, al mencionar a Dios y a personas nos disculpamos por no haber sido capaces de cambiarlo del todo a un lenguaje inclusivo.

Todas las palabras en sánscrito figuran en cursiva y transliteradas al alfabeto latino, con la salvedad de las vocales largas del sánscrito en las que se señala el signo diacrítico. Para los nombres de las deidades, personas y lugares, títulos conocidos de libros y palabras de origen sánscrito de uso común figuran en letra normal, únicamente con las vocales largas señaladas. Para transcribir las consonantes del alfabeto devanāgarī [del sánscrito] al latino, se han utilizado los equivalentes fonéticos más próximos.

Las citas de los Upanishads reflejadas en este libro son versiones libres a partir del sánscrito, y por tanto no responden a una exactitud literal.

Se ha añadido un nuevo glosario de términos sánscritos, transliterado con los signos estándares diacríticos. Aun así, las definiciones de los términos técnicos o filosóficos no son exhaustivas, más bien indican cómo se han aplicado dichos términos en el contexto de esta publicación.

Figura también una selección de obras de Swāmī Abhishiktānanda y una reseña sobre su persona, para quienes quieran ahondar en el tema.

También nuestro profundo agradecimiento a todos los amigos que generosamente nos han ayudado en la preparación de este libro, en particular al Dr. Monodeep Daniel, Paul McFadden, Philippe Herrent, Pratap Chirravuri and

Shirish Pandey [con el añadido para la edición en español de las facilidades ofrecidas por Swāmi Ātmananda Udāsīn, que firma esta nota, y Maxim Demchemko, secretario del Abhishiktānanda Centre for Interreligious Dialogue Society. Nuestra gratitud]

Siendo la vida un viaje hacia lo Divino, oremos para que este maravilloso y breve libro sea de gran ayuda en el camino de todos los buscadores genuinos, y que contribuya a un mejor entendimiento de la oración contemplada en última instancia como la contemplación incesante de la Presencia de Dios.

SWĀMI ĀTMĀNANDA UDĀSĪN[6]

---

[6] **Swāmi Ātmānanda Udāsīn** ha sido presidente de la Abhishiktānanda Society (2007-2008). Actualmente es director del Abhishiktānanda Centre for Interreligious Dialogue (Delhi Brotherhood Society) y monje rector del āshram Ajātānanda, en Rishikesh (norte de India)

Prefacio

LA IDENTIDAD REAL Y DEFINITIVA del individuo se encuentra en lo profundo de su espíritu, donde despierta a sí mismo al emerger de las manos de su Creador con una simple mirada de amor dirigida a Dios —que de hecho es su Padre— en el instante exacto en que él recibe el nuevo y secreto nombre que expresa su identidad eterna en Dios.

Mucho antes de que Jesús viniera a la Tierra, incluso anterior a los profetas de Israel, la intuición religiosa india había sido irresistiblemente arrastrada hacia la profundidad del ser y la conciencia, en las que se reveló inseparablemente en su verdad última el misterio de los humanos y el misterio de Dios. En terminología védica, Brahman, Ātman y Purusha. De este modo, con un sólo toque, se renovó y liberó toda su religión; al igual que posteriormente las enseñanzas de Jesús liberaron al judaísmo, y con ello al mundo occidental, de la Ley y de las formas religiosas que habían revestido la relación directa entre Dios y los humanos. Desde entonces se puso en marcha la secularización del mundo, todo devino secular, profano. Pero al mismo tiempo se redescubrió la sacralidad de todas las cosas; ya no la simbología sagrada atribuida por los humanos a las cosas, sino la sacralidad esencial que es el resplandor radiante del misterio divino, según se manifiesta en el mundo y en la historia.

Sólo esta experiencia de la hondura humana y de Dios puede en nuestros días aportar al mundo y a la Iglesia las intuiciones necesarias para consumar la arriesgada transición, ya en marcha, del mundo de sacralidad simbólica a la sacralidad de lo Real. La solución a la crisis actual la encontraremos únicamente en la profundización de la vida contemplativa en el corazón de la Iglesia.

El propósito de las siguientes páginas es ayudar a los cristianos en su renovación interior, para que vaya creciendo su atención a la llamada del Espíritu quien, desde las profundidades de su espíritu, les invita a orar «en la verdad» y «sin cesar», de acuerdo a las mismas palabras de Jesús en el Evangelio. El libro ha sido escrito junto al río Ganges, y también en contacto próximo con la tradición mística de la Iglesia, sobre todo con lo que el Evangelio y sus primeros seguidores nos han transmitido en lo referente al misterio más recóndito del alma de Cristo.

Esta obra no contiene nada técnico. En cambio, busca ser un compañero de viaje en el camino que lleva al *interior*, y continuamente recuerda al lector la cima de la montaña donde Dios le aguarda.

Se escribió originalmente en inglés[1], a petición de personas cristianas de India, y unos años más tarde varios amigos de Europa me pidieron publicarlo en francés. En esta última edición la obra se amplió un poco, añadiéndose

---

[1] *Prayer*, ISPCK, Delhi, 1967 y sucesivas ediciones en años posteriores.

un ensayo adicional[2] redactado con anterioridad y con el mismo propósito.

Que ayude a la gente a encontrar la senda interior, y a realizar su camino hacia el centro del corazón, donde en el despertar a nosotros mismos despertamos a Dios[3].

---

[2] Posteriormente publicado por separado: *In spirit and truth.*

[3] Aquí hace referencia al título en francés: *Éveil à soi, éveil à Dieu*. París, 1971.

En lo profundo de la cueva del corazón
está Brahman, por siempre solo,
el único Yo, el único Ser.
Entra, hombre,
en esta profundidad de ti mismo
con el pensamiento virado hacia ti mismo,
en paz,
inalterable en el Ser,
has llegado a ser tú mismo
¡OM!

Srī Ramana Maharshi

Capítulo 1

La presencia santa

JESÚS A MENUDO INSTÓ a sus discípulos a orar y a ser constante en la oración. Él mismo era ejemplo. El nombre del Padre siempre estaba en sus labios y al llegar la noche solía apartarse a algún lugar solitario donde, como observa san Lucas, «...seguía en oración a Dios» (Lc 6:12)

«Estad atentos y orad», dijo a sus amigos; «Velad pues, porque no sabéis qué día vendrá vuestro Señor» (Mc 13:33; Mt 24:42)

Tras el Maestro, san Pablo impartió la misma enseñanza a la Iglesia: «Orad constantemente»; «Manteneos siempre en la oración y la súplica, orando en toda ocasión por medio del Espíritu, velando juntos con perseverancia» (1 Ts 5 17; Ef 6 18)

* * *

La oración no es una tarea a tiempo parcial, sólo propia de ciertos momentos del día. Tampoco cabe señalar dos tipos de personas devotas, unas que por vocación dedican toda su vida a la oración —a las que podríamos denominar contemplativas a tiempo completo; y otras que dedican casi todo su tiempo a actividades profesionales y la familia, o incluso ejerciendo algún ministerio pastoral o de enseñanza. Estas últimas, por tanto, sólo podrían dedicarse a la oración a tiempo parcial.

Suponer que un creyente fervoroso podría quedar satisfecho siendo contemplativo a tiempo parcial nos demostraría una total confusión sobre la vida cristiana. Así como es incomprensible que cualquiera pueda ser humano a tiempo parcial, nadie podría ser únicamente cristiano a tiempo parcial. No hay ninguna faceta de nuestra vida en la que podamos esquivar el misterio de Dios que colma todo nuestro ser, y al que los cristianos han sido consagrados particularmente en su bautismo. Desde el día en que nos comprometimos a Cristo y lo reconocimos como Señor y Maestro, todo momento de nuestro devenir —estemos despiertos o dormidos, caminando, sentados, trabajando, comiendo o de ocio— está indudablemente marcado por la reivindicación de Dios hacia nosotros, y tiene que vivirse enteramente en nombre de Jesús, bajo la inspiración del Espíritu, para la gloria del Padre.

Vivir en oración constante, llevar una vida contemplativa, no es más que vivir en la Presencia real de Dios. Todas las personas, por el mero hecho de que existen, ya están en la Presencia de Dios. La existencia, ser un humano, ser este o aquel humano en concreto, sólo es posible por esta Presencia.

Vivir en la Presencia de Dios debería ser tan consustancial como respirar el aire que nos rodea. Es más: vivir consciente y dignamente en su Presencia —es decir, orar— no debería tener para el cristiano siquiera la apariencia de un deber a llevar a cabo, obedeciendo alguna ley externa. No, para el cristiano vivir la Presencia de Dios no supone ninguna obligación; por el contrario, para él y para todos los humanos, es un derecho natural inalienable, grabado en su propia esencia. Es el deseo más espontáneo de su ser, la expresión más directa de su amor a Dios, de quien es su hijo.

* * *

Nos guste o no, siempre estamos presentes ante Dios, es completamente imposible no estar en su Presencia. En todo momento y lugar en nuestra vida cotidiana, en toda ocupación —aunque nos parezca insignificante— estamos ante Dios. Incluso es erróneo decir que hay momentos o actividades en los que Dios está más presente en nosotros, y que estamos más directamente en contacto con Él. Dios en sí mismo está esencialmente presente en sí mismo, siempre e invariablemente el mismo, Eterno, Infinito, Todopoderoso. Nunca cambia ni se mueve, tampoco viene o se va. Siempre y en todo lugar es Él mismo, en su única plenitud. Carece de sentido, simbólica o imaginariamente, que pueda estar más «aquí» o menos «allí», puesto que es indivisible.

En verdad, Dios está presente solamente para sí mismo. Él está en sí mismo y existe para sí mismo. Disfruta eternamente de la inefable bendición de su Presencia a sí mismo, la Presencia del Padre al Hijo y del Hijo al Padre; incluso la más misteriosa Presencia de cada uno en el Espíritu, y del Espíritu en cada uno de ellos. Ese Espíritu que es como si fuera el fruto de su mirada de amor mutuo e indiviso.

La razón de la venida a la Tierra de Jesús, el Hijo de Dios, fue compartir con la humanidad la experiencia divina que eternamente era suya. Vino a revelarnos lo que somos, cada uno de nosotros, en la llamada personal que nos hace el Padre. Por medio de sus palabras, que brotaron de su propia experiencia —Él mismo siendo la Palabra eterna y la Expresión de esta experiencia esencial en el mismo corazón de Dios— buscó despertar en nosotros esta experiencia única de profundidad. Jesús nos impartió el Espíritu, su propio Espíritu, para abrir desde dentro nuestros corazones a esta comunión divina y a esta Presencia.

* * *

La creación es, sencillamente, la manifestación y la comunicación de Dios en completa libertad de esta Presencia singular y esencial, de la misteriosa vida de Dios en sí mismo. Todo lo que existe, todo ser que vive y piensa, lo hace al participar en su Ser, en su Vida divina y en su Presencia a sí mismo. Todas las criaturas existen, los seres vivos nacen, crecen y se reproducen, los individuos piensan, conocen y se hacen conscientes de sí mismos —alcanzando así la dignidad de ser una persona humana dotada con una llamada particular y un destino en el tiempo y la eternidad... todo esto es desde y a través de esta misma Presencia de Dios a sí mismo.

Entre las criaturas terrestres, sólo la humanidad atesora el privilegio de ser consciente de esta Presencia divina, y de responder de manera personal a ella al ofrecer a Dios en agradecimiento el mismo don de «estar presente», que Dios nos da con su propia Presencia. En tanto que seres humanos, recibimos una llamada que nos convoca a la Presencia de Dios; de igual manera que Dios mismo ha hecho Presencia en nosotros al crearnos; de igual modo en el misterio de las Personas divinas, que el Padre está presente en el Hijo, y el Hijo en el Padre. Esta Presencia mutua del Padre y el Hijo es además la causa raíz de nuestro estar presente unos a otros en la comunidad humana.

Jesús afianzó nuestra relación con él mismo, y a través de él con el Padre. Igualmente nuestras relaciones humanas están configuradas en la propia relación de Jesús con el Padre.

> Yo soy el buen pastor, conozco a mis ovejas y las mías me conocen a mí; del mismo modo, el Padre me conoce y yo conozco a mi Padre.
>
> (Jn 10:14-15)

> Como tú, Padre, en mí y yo en ti, que también sean uno en nosotros... para que sean uno, como nosotros somos uno: yo en ellos y tú en mí...
>
> (Jn 17:21-23)

La vida de oración y contemplación es sencillamente descubrir la Presencia de Dios en lo profundo de nuestro ser, en la profundidad de cada ser, y al mismo tiempo más allá de todos los seres, más allá de todo lo que está dentro y de todo lo que está en el exterior[1]. Indudablemente no es sólo un modo de vida reservado para unos pocos individuos, particularmente llamados a eludir el mundo y tomar refugio en el desierto. La contemplación y la oración son el mismo hálito de vida, no sólo para los auténticos discípulos de Jesús sino también para quienes han reconocido su llamada para ser humanos.

* * *

---

[1] «Sin moverse, es más rápido que el pensamiento; la mente corre como el rayo pero no le puede alcanzar; permaneciendo inmóvil, sobrepasa al que corre... se mueve, no se mueve; está lejos, está al alcance de la mano; está dentro de todo lo que es, e igualmente está fuera» (Īshā Upanishad, 4-5)

Aquí nos encontramos con el problema que preocupa a mucha gente devota: ¿cómo puedo permanecer constantemente en oración? ¿Cómo puedo hacerme presente a esta Presencia?

Estas preguntas -aunque formuladas con toda la sinceridad y a menudo con auténtica congoja— derivan en muchos casos de la propia noción que la gente tiene sobre la oración, si no equivocada sí al menos inadecuada. Y en un estrato más profundo, están ligadas a una actitud muy común entre los occidentales (y por tanto entre los cristianos) cuyo interés principal es la acción, el hacer, con resultados tangibles y experimentable en el plano fenomenológico. Por otra parte, aunque la pasividad de oriente en esta esfera de la eficiencia humana es sin duda un serio obstáculo, nos permite (al menos cuando vivimos de manera inteligente) un mayor grado de libertad interior para recibir de Dios, de forma muy sencilla, el don de ser que Él constantemente nos otorga, saborearlo con alegría desinteresada y sin preocuparnos de utilizar inmediatamente esta gracia, de encauzar nuestro ser para realizar una acción u otra.

Sea como fuere, mucha gente imagina que para rezar y, según dicen, para entrar en la Presencia de Dios, primero hay que detener a la mente de pensar sobre cosas materiales, y en su lugar configurar imágenes mentales sobre Dios o, las así llamadas, cosas espirituales; y después luchar valientemente para fijar la atención en estos nuevos objetos.

Es obvio que ninguna de las ideas o imágenes de Dios que nos hacemos es Dios mismo. Todas ellas permanecen para siempre, inevitablemente, en aquello que *pensamos* o *imaginamos* acerca de Dios.

Las imágenes e ideas sobre Dios con las que numerosos creyentes buscan llenar sus mentes tienen mucho en común con las estatuas e iconos que ornamentan los hogares e iglesias de los cristianos Un crucifijo o imagen de Cristo no es Cristo mismo; tampoco las imágenes de los santos asemejan lo que ellos representan. La función primordial de estas imágenes es capturar y mantener la imaginación, que siempre está presta a dejarse llevar por su flujo incesante. Evocando a los fieles, la Presencia de Dios o de sus santos despierta su amor y les ayuda en su devoción. También podemos aceptar con fe que por medio de una bendición o consagración ritual, estas imágenes reciben adicionalmente algo del halo de la Presencia divina.

Lo mismo se puede decir acerca de las imágenes mentales e ideas que empleamos para rememorar a Dios y meditar sobre Él. También son signos. Apuntan a lo Real, establecen contacto con lo Real con todo su ser, como signos que son, y cuya existencia se justifica únicamente para apuntar más allá de ellos mismos. Pero son incapaces de alcanzar lo Real en sí mismo, o de expresarlo adecuadamente. La soledad esencial e infinita de Dios le mantiene fuera del alcance de todo pensamiento o imaginación humanos.

Entre estos signos y símbolos hay algunos que destacan —aquellos que nos llegan por la revelación divina, o al menos surgen de la experiencia espiritual de sabios y santos de diferentes tradiciones religiosas. No son meras invenciones humanas, además resultan de mucha ayuda para conducirnos a las orillas del misterio y darnos un anticipo de la cercanía de la Presencia. Pero nunca debemos olvidar que incluso el más elevado de estos pensamientos e imágenes siempre permanece en el nivel de los signos. Cuando intentamos, incluso de manera inconsciente, identificarlos con lo Real entonces se vuelven ídolos. Y los ídolos mentales implican igualmente vanidad, inconsistencia y otras fuentes de distracción, al igual que los fabricados con nuestras manos.

La oración más completa necesita echar mano de signos —al menos hasta que culmina en puro silencio— porque la mente humana ha sido creada así por Dios. Pero la verdadera oración hace uso de los signos con entera libertad y total desapego; apoyándose en ellos a la vez que trascendiéndolos, prosiguiendo gracias al fuerte tirón de su llamada interior hacia Eso que está más allá de todo, lo Real en sí mismo.

* * *

Jesús, el Hijo de Dios, impartió durante unos pocos años su *darshan*[2] a sus discípulos. Permitió sin ningún reparo que una multitud le tocara, viera y escuchara. Sin embargo ese *darshan* que transmitió por medio de los sentidos externos no iba a durar para siempre; la comprensión real y definitiva de Jesús sólo se podía recibir a través del Espíritu Santo. María Magdalena se ganó una reprimenda el día de Pascua cuando trató de tocarle los pies. Una semana más tarde, Jesús también reprochó al apóstol Tomás y afirmó: «Dichosos los que no han visto y han creído» (Jn 20:29)

> Dentro de poco el mundo ya no me verá,
> pero vosotros sí me veréis,
> porque yo vivo y también vosotros viviréis.
>
> (Jn 14:19)
>
> Mucho tengo todavía que deciros,
> pero ahora no podéis con ello.
> Cuando venga el Espíritu de la Verdad,
> os guiará hasta la verdad completa.
>
> (Jn 16:12-13)

---

[2] *darshan:* visión, revelación (también por tanto: sistema filosófico); la Presencia bendita de Dios, de una persona santa o de lugares o imágenes sagrados.

«La carne y la sangre no pueden heredar el Reino de Dios» (1 Co 15:50). «El espíritu es el que da vida, la carne no sirve para nada» (Jn 6:63). «El Espíritu todo lo sondea, hasta las profundidades de Dios» (1 Co 2:10), e igualmente de los humanos. Sólo Él puede dar el verdadero *darshan* de Él, que vive en el seno del Padre, a quien nadie puede conocer salvo aquellos a quienes el Padre les ha revelado a Él en el Espíritu. (Jn 1:18; Mt 11:27)

La manifestación humana de Jesús es en sí misma un signo (Lc 2:12) y hay que dejarla a un lado (2 Co 5:16). Rebajar a Jesús a lo que sus amigos recordaban de Él nos llevaría en la práctica a considerarlo y tratarlo como un sujeto histórico, a quien podemos manipular a nuestro gusto y así negar su misterio. Las Escrituras y la Iglesia no son sino Jesús, pero Jesús va más allá de ambas porque su persona divina pertenece a Eso más allá que Dios en esencia es[3].

Por este motivo, poco a poco Jesús fue acostumbrando a los apóstoles a que pensaran en su partida.

> Os conviene que yo me vaya,
> Porque si no me voy, no vendrá a vosotros el Espíritu.
> (Jn 16:7)

La tarde del Viernes Santo el cuerpo mortal de Jesús fue retirado para siempre de los ojos humanos, tras la losa que

---

[3] Esto también es cierto en todo ser humano, que siempre trasciende todo lo que puede ser dicho o conocido de él, y también todo aquello de lo que es capaz de revelar de sí mismo. En el nivel más profundo de la persona, y por tanto en aquello que le es constitutivo como tal, radica el mismo misterio de la Persona absoluta que es Dios. De hecho, quien «ve» no busca incumbir a Dios en cualquier cosa que perciba del mundo; en cambio, comienza con Dios, Dios en su misterio a la vez trascendente e inmanente, y desde este ángulo contempla todo, a sí mismo, al mundo, a la Iglesia y todo lo que denota o manifiesta a Dios.

selló su sepultura. Cuando Jesús reapareció la mañana del día de Pascua, lo hizo en un modo completamente nuevo, completamente libre. Él mismo decidiendo el tiempo y la forma de su manifestación, liberado de todo condicionamiento físico. La Ascensión simbolizó incluso de manera más gráfica su partida tras la etapa terrenal. Fue elevado, según se narra en los Hechos de los Apóstoles, y una nube lo ocultó de la vista de los testigos, y ningún ojo humano pudo seguirle a la misteriosa morada a la que regresaba. Pero ¿quién se atrevería a decir que María y los apóstoles perdieron algo cuando sus ojos humanos ya no pudieron contemplar el rostro de Jesús, sus oídos escuchar su voz, o sus manos tocarle? La gracia de Pentecostés fue mucho mayor que cualquier otra que Jesús hubiera conferido a sus amigos mientras vivió en un cuerpo mortal entre ellos. Su *darshan* en el Espíritu fue su última Transfiguración, para la que toda su vida había sido una preparación; la revelación en el monte Tabor fue sólo la promesa y augurio.

* * *

La Presencia de Dios en nosotros y nuestra presencia en Él, o mejor dicho: nuestro despertar al hecho de que Él está *aquí* no tiene que ver con ninguna tarea en particular, con nuestros sentidos o nuestra mente. Dios está aquí, eso es todo. Si nosotros también estamos aquí, estamos aquí precisamente en el «estar aquí» de Dios. Es en Él que estamos presentes, aquí y ahora, en este momento del tiempo y en este punto del universo.

Todavía hay vigentes entre los cristianos demasiadas maneras de orar que exponen a la confusión a los principiantes en la oración, y les lleva a un callejón sin salida. Por ejemplo, algunos catecismos antiguos solían comenzar las oraciones matutinas con «Nos ponemos ante la Presencia de Dios y le adoramos» ¡como si tuviéramos el derecho de ponernos ante Dios por nuestra cuenta y a nuestro antojo! Y por otra parte ¡como si fuese posible apartarnos de la Presencia de Dios! Estar fuera de la Presencia de Dios, si es que esto es concebible, significaría no sólo la muerte física, sino la total desintegración y aniquilación, un paradójico retorno al no ser que nunca llegó a ser.

¿Acaso pensamos primero en el aire que nos rodea y después respiramos hondo? Voluntaria o involuntariamente, consciente o inconscientemente, respiramos y llevamos continuamente a los pulmones el aire que nos permite vivir. Lo mismo con la Presencia divina, todavía más esencial para nuestra vida, para nuestro mismo ser, que el oxígeno para el organismo.

Capítulo 2

Un misterio de fe

ORAR ES un acto de fe. Esto no significa que para orar tengamos primero que manifestar nuestra fe en términos más o menos abstractos. Ciertamente no; la oración auténtica se basa en la fe, en la convicción de que Dios está aquí, que está en todas partes, que está en todas las cosas, que es la Fuente de donde proviene todo y la conclusión (a la vez inmanente y trascendente) de todo lo que está en movimiento.

Orar es dar por sentado que vivimos en el misterio de Dios, que estamos inmersos en su misterio, que nos envuelve y al mismo tiempo se extiende por todos los costados más allá de nosotros. «En Él vivimos, nos movemos y existimos» (Hch 17:28). Orar es darnos cuenta de que el misterio divino en su plenitud infinita está a la vez dentro de nosotros y fuera de nosotros, que es totalmente inmanente a nuestro ser más íntimo, y al mismo tiempo lo trasciende infinitamente.

¿Qué quiere decir la expresión «el misterio de Dios»? No entendemos la cuestión si nos imaginamos algún tipo de gran Poder, o un Persona importante, sentada en su trono allá a lo lejos, en el cielo, gobernando el universo y el mundo de los humanos a su antojo. Alguien a quien podría describirse más o menos acertadamente en términos de mito o conjunto de ideas. El misterio de Dios, como nos fue revelado por Jesús, es el mismo misterio de la Vida divina, que mana eternamente en el Padre, y eternamente derramada en el Hijo y en el Espíritu. Un misterio de unidad y dualidad al mismo tiempo.

El misterio de Dios es, lo primero de todo, la eterna llamada del Padre al Hijo. La llamada en la que Padre e Hijo esencialmente *son*: «Tú eres mi Hijo» (Sal 2:7; Mc 1:11). También es la respuesta a esta llamada, el grito eterno del Hijo: «¡Abba, Padre!», la constante oración de Jesús en la Tierra y en el cielo, una oración que expresa el origen y la plenitud de su amor, su sacrificio, su intercesión sin fin.

El misterio de la Vida divina es también la Presencia universal y omnipresente del Espíritu Santo de Dios. El Espíritu Santo está en nosotros, como está en Dios, el misterio de unidad, de la no dualidad[1]. Está en nosotros proveniente del Padre, enviado a nosotros por el Padre, derramando en nosotros el amor eterno del Padre y el Hijo. Habita en nosotros en los recovecos más recónditos de

[1] Aquí podemos recordar la conclusión de las oraciones litúrgicas «Por nuestro señor Jesucristo, que vive y reina contigo en la *unidad* del Espíritu Santo...». El término «no dualidad» es traducción de la palabra sánscrita *advaita*. Aunque negativo en su forma, tiene la ventaja de que nos evita confundir la trascendental unidad de Dios y de todo lo que comprende su misterio, con la unidad numérica producto de la percepción y pensamiento humanos. El término monismo, que a menudo se utiliza como el correspondiente, es una tergiversación del verdadero sentido de *advaita*, al menos cuando se refiere a la experiencia de los sabios y la enseñanza de los maestros.

nuestros corazones: «Dios es más nosotros que nosotros mismos», como bien dice san Agustín. Y esta Presencia del Espíritu en el corazón de cada creyente le hace directamente presente a otros creyentes, y a todos los humanos. Presencia en sus propias profundidades, en la misma fuente de su existencia, mucho antes que cualquier pensamiento, ya sea compasivo o divisivo, pudiera llegar al corazón de cada uno. En el Espíritu, cada individuo vive en la propia profundidad de todas y cada una de las demás personas, del mismo modo que el Padre y el Hijo viven desde el uno al otro, y en el uno al otro, su circumincesión[2], en el léxico teológico.

El Espíritu está presente en toda la creación, preparándola (Rm 8:20-23) para que todas las cosas concurran finalmente en Cristo (1 Co 15:28; Ef 1:10). Él está presente en el núcleo de cada ser, en el centro del corazón humano, como una llamada incesante y un empuje irresistible hacia esta unidad y a esta *koinónia*[3]. En el Espíritu, que es la antesala de la futura bendición y la garantía de nuestra herencia (Ef 1:14), los elegidos poseen en verdad las cosas por venir y ya las disfrutan. Porque todas las cosas están presentes en la eternidad de Dios, y quien tiene el Espíritu lleva consigo todo lo que pertenece al Padre y al Hijo.

* * *

La vida cristiana es, sencillamente, una vida de fe. La vida de fe se toma en serio el estatus divino para el que hemos

---

[2] Circumincesión: presencia recíproca de las tres personas de la Trinidad.

[3] *Koinónia*, término griego. El equivalente etimológico del latín es *communio* (comunión), que aparece con frecuencia en el Nuevo Testamento y los escritos patrísticos. Es la participación unida en la fe de los creyentes que constituyen la Iglesia, en comunión espiritual, y los vínculos que ésta genera.

sido elevados por nuestro bautismo —porque en el bautismo nos hacemos partícipes de la naturaleza divina (2 P 1:4). Se toma igualmente en serio la llamada incesante que el Espíritu dirige al corazón de cada uno, esa «agua viva que clama: ven al Padre», como san Ignacio de Antioquía escribió en su epístola dirigida a los cristianos de Roma (7:2)[4]

La vida cristiana es una vida de fe desde principio hasta el final, y esta fe impregna nuestros actos —hasta los más nimios detalles— de nuestra existencia. «Los justos vivirán por su fe», como dice san Pablo (Rm 1:17), que rememora las palabras del profeta Habacuc (Ha 2:4), a la vez que enriqueciéndolas con un nuevo significado adquirido de su propia experiencia de fe en el Cristo resucitado y glorificado.

Cuando la fe es honda —o mejor cuando sencillamente es verdadera— nunca hay problemas irresolubles en la vida cristiana. Las dificultades que en primera instancia parecen insuperables se pueden resolver por la fe. Citando a san Pablo de nuevo: «Pero en todo esto salimos vencedores gracias a aquel que nos amó» (Rm 8:37; Hb 11). Esto no significa que la vida cristiana deje sin lugar al sufrimiento y el sacrificio, como a muchos hoy día les gustaría persuadirse; al contrario, la vida cristiana es esencialmente un compartir la cruz de Jesús. Pero la fe es precisamente ese poder divino que sostuvo a Jesús en Getsemaní y en el Calvario, y le llevó al triunfo en la Resurrección. En el poder de la fe los cristianos vencen todos los obstáculos que surgen por sí mismos, siempre tan resistentes a la guía del Espíritu, y obstáculos que provienen del mundo del demonio: «... se mantuvo firme como si viera al invisible» (Hb 11:27)

---

[4] San Ignacio, obispo de Antioquía (Siria), escribió varias cartas a diferentes comunidades eclesiásticas. Martirizado en Roma en torno al año 110.

«Donde hay amor, no hay esfuerzo», citando de nuevo a san Agustín. Para quien tiene fe, las circunstancias de la vida humana nunca sobrepasan su propia fortaleza. En todo lo que hace en la Tierra es consciente de la Presencia divina, escucha la llamada que continuamente proviene del Padre, a través de las cosas y los acontecimientos, tal como Jesús la escuchó durante toda su vida, especialmente en el amargo episodio en el Huerto de los Olivos. En todo lo que hace la persona concede libertad al Espíritu, para realizar en ella la obra de amor que el Padre espera.

En la Nueva Alianza no hay cabida para la Ley, como san Pablo siempre recalcó en las distintas comunidades cristianas. «... el amor pleno expulsa el temor, porque el temor entraña castigo, así quien teme no ha alcanzado la plenitud del amor» como san Juan a su vez expresó (1 Jn 4:18). El don del Espíritu en Pentecostés hizo obsoleta la alianza de Sinaí, y también la Ley que era su signo. A partir de entonces, la Ley es el Espíritu que habita y actúa en nosotros (Rm 8:14 y sig; Jr 31:31 y sig). Ley que transforma por completo la vida de los discípulos de Jesús -su vida física y mental e igualmente sus relaciones sociales— en la misma vida del Hijo de Dios, Jesús, el primogénito de la creación, y también el primero de quienes triunfaron a la muerte (Col 1:15-18)

La fe, en síntesis, es reconocer y aceptar que estamos cara a cara con nuestro Dios; es darnos cuenta de la presencia de ese amor esencial que nos hace ser, y que abre en Dios abismos inconmensurables de gracia y misericordia. Sin embargo, tenemos que comprender claramente que este reconocimiento no está vinculado con cualquier cosa que se pueda percibir en los niveles sensible y psicológico como, por ejemplo, cuando somos conscientes del Sol que da luz y calidez; o cuando nos hacemos conscientes de los procesos mentales que ocurren en nuestra mente. La consciencia de la fe es a la vez más real y mucho más profunda. Tiene lugar en el origen y en el mismo centro de nuestra consciencia de que *somos*, y de que somos nosotros mismos, mucho más allá de cualquier cosa de la que podamos tomar conciencia en el nivel perceptivo.

* * *

La fe se orienta hacia lo que es invisible, según se explica en el capítulo 11 de la Epístola a los hebreos. Y aquí la palabra *invisible* se aplica a lo que está más allá del alcance de la mente, y también de lo que discurre más allá del alcance de los sentidos externos. «A Dios nadie le ha visto jamás», dice san Juan (Jn 1:18; 5:37). «Pero mi rostro no podrás verlo, porque nadie puede verme y salir con vida», se dijo siglos antes, durante la vigencia de la Ley de Moisés (Ex 33:20). «Cierto, tú eres un Dios oculto», cantó el profeta Isaías (Is 45:15). Pero Dios no se oculta en el sentido que Él, deliberadamente, se nos hace invisible, o que escoge retirarnos el don de su Presencia. Dios no «se mueve». El «ir» y «venir» atribuido a Dios en la Biblia es sólo con el propósito de expresar simbólicamente el rechazo a Dios por parte de los pecadores, por un lado; y por otro, el regreso del penitente con corazón humilde y contrito. Además, Dios es el Padre cuyo corazón está pleno de amor por nosotros, sus hijos. Su deseo más profundo, si lo podemos adecuar a términos humanos, es tenernos lo más cerca posible de Él, y para Dios todas las cosas son posibles.

Si Dios está oculto es porque Él está en sí mismo más allá de todo lo que podamos percibir, incluso con nuestras mentes. Si esto no fuera así, sería tan sólo uno de los posibles objetos a conocer como cualquier otra cosa en el universo, y así lo concibieron los filósofos griegos. Esto último era igualmente inaceptable para la concepción judía e hindú. Dios «de ningún modo pertenece al mundo de los objetos entre los cuales el hombre se guía por medio del pensamiento»[5]. Ninguna duda o razón puede reconocer que existe; y, por su parte, las escrituras nos revelan verdades sobre Dios que el pensamiento humano unido a la fe nunca se cansa de tantear. Pero, una vez más, por muy maravillosos que puedan ser los símbolos, por muy sublimes que sean los pensamientos, son —cuando nuestras mentes están iluminadas por Dios mismo— sólo como esas nubecillas que pasan ante nosotros mientras cruzan el cielo. Reflejan la luz del Sol con todo lo que son pero, al mismo tiempo, incluso la más resplandeciente nos oculta su Presencia directa e inmediata.

Dios nos ama demasiado como para permitirnos que nos quedemos satisfechos con meros signos e imágenes de su Presencia, como los iconos que deleitan nuestros ojos, o los conceptos mentales que igualmente cautivan a nuestras mentes. Donde Dios llama a sus queridos hijos es a su

---

[5] «Para los griegos es (...) indiscutible que Dios, como otros objetos del mundo, lo pueda examinar el observador pensante; que puede haber una teología en el sentido exacto, inmediato... El judaísmo cuenta desde el principio con una concepción distinta de Dios: Él no pertenece de ningún modo al mundo de los objetos, en el que los humanos se orientan a través del pensamiento... En realidad, el pensamiento griego siempre contempla a Dios, en última instancia, como una parte del mundo, o como algo igualado con el mundo. Incluso cuando, o especialmente cuando, se le considera el origen y principio formativo que discurre más allá del mundo fenoménico; aquí también Dios y el mundo forman una unidad al alcance del pensamiento...» (R. Bultmann: *Jesus and the Word*, iv 1. Fontana. Pp 98-99). La experiencia hindú de Dios a este respecto es bastante parecida a la de la Biblia, y en ambas no se puede en ningún modo reducir a Dios a la conceptualización y la concreción, que ha prevalecido entre quienes han sido influenciados por la filosofía griega. El «Dios de los filósofos» en palabras de Blaise Pascal.

morada secreta y oculta —más allá y a la vez dentro de la nube que cubrió el monte Sinaí; como la que recibió Jesús cuando ascendió a su gloria. El deseo expresado por Jesús la víspera de su muerte no es menor que el deseo de su Padre, puesto que todas las voluntades del Hijo son en realidad lo que el Padre quiere (Jn 5:19; 8:28): «Padre, deseo que los que tú me has dado estén también conmigo allá donde yo esté» (Jn 17:24; 12:26)

Los hijos tienen derecho a un lugar en casa de sus padres. La misión de Jesús en la Tierra, el Hijo de Dios, fue precisamente esta: emplazar a la humanidad para ir a su hogar eterno y llevarla, junto a él, al lugar que le pertenece por herencia, al seno del Padre. Jesús vino al mundo, dice san Juan, para dar a los creyentes la fuerza de ser hijos de Dios (Jn 1:12; 14:3)

Dios está oculto en su propio misterio. Nadie lo ha visto, como san Juan afirma, excepto él, que está en el seno del Padre, eternamente uno con Dios. Sólo la fe puede alcanzar a Dios en su *verdadero* Ser, una fe fundada en la revelación de sí mismo, que Dios da a conocer a la humanidad a través del cosmos y las escrituras inspiradas. Y esta fe se vuelve más y más luminosa y penetrante según va reflejando cada vez más la gloria del Espíritu que la alumbra desde su interior. La fe es el único camino por el que podemos entrar en la morada oculta de Dios, que a la vez está en las alturas celestiales y en el más profundo centro del corazón. La fe sola nos puede llevar más allá de cualquier cosa vista, oída o pensada[6]. Nos dice san Pablo que lo que Dios ha preparado para quienes ama no puede verse con los ojos, ni expresado con los labios (1 Co 2:9). La fe sola nos capacita para penetrar en el misterio de Dios, y

[6] Kena Upanishad, caps 1 y 2; y ver en p 80.

por tanto también en el nuestro, en ese punto en el que a cada uno de nosotros se nos revela el nuevo y secreto nombre que pone de manifiesto su llamada especial al corazón del amor divino (Ap 2:17). En verdad, al pronunciar y escuchar ese nombre que Dios ha escogido, llegamos al seno del Padre y también a lo más profundo de nuestro propio ser.

Algo así es el misterio de lo que es al mismo tiempo interior y fuera del alcance, inmanente y trascendente, que sólo la fe puede descubrir, y que en última instancia se «saborea» en la experiencia de la Sabiduría[7].

Fue seguramente por esto que el Espíritu otorgó una intuición a los sabios clarividentes de los Upanishads cuando recitaron, por ejemplo:

> Quien conoce a Brahman alcanza lo más alto...
> oculto en el lugar secreto (la cueva del corazón)
> y en las alturas celestiales.
>
> (Taittirīya Upanishad 2.1)

> Ahora, esa luz que está más alta que el firmamento,
> que brilla más allá de todo,
> más allá de los mundos más elevados,

[7] La experiencia de sabiduría, en la que se perfecciona la fe, parece claro que se basa psicológicamente en la experiencia del Yo, que a su vez es la cumbre de la disciplina ascética y contemplación en India. Una vez se alcanza esta intuición ya no hay ningún peligro de confundir a Dios, el Yo supremo, el Sujeto y la Persona supremos, con cualquier otra *cosa* u *objeto*. Entonces ya no se superponen nuestros mitos humanos y abstracciones sobre Dios trascendente y absoluto —y consecuentemente sobre el Yo, sobre el misterio de la persona consciente que es la misma imagen de Dios. Esta superposición, como se denomina en la filosofía india, concluye en el momento en que la Luz interior (inmanente al yo consciente de todos los seres) se percibe finalmente en su esplendor infinito. Cuando el Sol está en su cénit los objetos no proyectan su sombra sobre el suelo. Este sentido de la Presencia divina, siempre inmanente y trascendente al mismo tiempo, es la consideración clave en India en todos los enfoques a los problemas teológicos y espirituales. (*An approach to Indian spirituality*, en «The clergy review», feb 1969). Ver además pp. 107 y sig.

en verdad esa luz es la misma
que brilla en el corazón humano.
(Chāndogya Upanishad 3.13.7)

Tan vasto como el espacio exterior
es ese espacio en el centro del corazón;
en él están todos los mundos, cielo y tierra,
fuego y viento, sol y luna, rayos y estrellas...
todo.
(Chāndogya Upanishad 8.1.2)

* * *

Vivir en la fe es tener la mente abierta y despierta al misterio de Dios —ciertamente de Dios mismo, lo primero de todo, pero no menos al misterio de su manifestación en el universo.

Verdaderamente todo lo que hay en el universo creado, en todo el tiempo y el espacio, manifiesta a Dios y revela su gloria a la humanidad. Dios al crearnos nos otorgó inteligencia y razón, capacitándonos así para reconocer esta manifestación en el mundo y en todos los acontecimientos; de esta manera, podemos optar a responder a ello con amor. San Pablo nos dice en su Carta a los romanos (1:20) que Dios se dio a conocer a la humanidad por medio de las cosas que creó, es decir a través de este universo. Tomemos esto para referirnos no sólo a lo que Dios creó solo, por sí mismo, al comienzo, sino también a todo aquello que continúa creándose a lo largo del tiempo, operando por medio de incontables causas secundarias. E igualmente a todo lo que Dios ocasiona a través de la cooperación humana.

En el mismo pasaje, san Pablo emplea palabras muy duras hacia aquellos gentiles que optan por ignorar la Presencia de Dios y su manifestación en la creación. Sus palabras condenan más a los numerosos cristianos que permanecen ciegos a la Presencia cósmica de Dios, y en la práctica viven sin reconocer el misterio de la creación y el universo como revelación primaria de la gloria divina. Sin embargo, ellos han tenido el privilegio de escuchar a Dios y sobre Dios, más que los profetas y sabios tuvieron la fortuna de conocer. «Os aseguro que muchos profetas y justos desearon ver lo que vosotros veis, pero no lo vieron; y oír lo que vosotros oís, pero no lo oyeron» (Mt 13:17)

Como ya se ha dicho, la fe no es simplemente una parte de la vida cristiana. La fe y la oración no son una ocupación a tiempo parcial de personas que en otros momentos están sumidas en quehaceres *diferentes*. La fe se encuadra en un nivel de la vida humana que no es conmensurable con respecto al de nuestras actividades enfocadas hacia lo material o intelectual. La fe no entra en conflicto con tarea alguna, ni se la puede comparar con ninguna de ellas. Por el contrario, abarca a todas y cada una de las actividades humanas, las impregna desde dentro, y les da un valor nuevo y dignidad. De este modo, transformados por la fe, nuestras variadas actividades adquieren un sentido completo, y se dirigen hacia su verdadera meta, que al mismo tiempo es nuestro propio destino espiritual y de toda la humanidad.

La fe, la oración y la contemplación subyacen a todas las acciones externas de los discípulos de Jesús; a cada uno de ellos le dieron autenticidad y valor espiritual. El verdadero cristiano es quien *conoce* el *evamvid* de la literatura de los Upanishads; es aquel cuyos ojos se han abierto del todo al esplendor divino; aquel en cuyo corazón ha brillado «la luz del conocimiento de la gloria de Dios en el rostro de Jesucristo» (2 Co 4:6)

* * *

La fe, la oración y la contemplación son, sencillamente, el reconocimiento de la Presencia del Espíritu en todas las cosas, en todos los lugares y en todo momento. La fe y la oración son la realización de todo lo que se origina en el amor eterno del Padre, de que todo se sostiene estando en Cristo como Señor —por quien todas las cosas fueron hechas (Jn 1:3) y en quien todas las cosas forman un todo coherente (Col 1:17)— y de que todo es impulsado a su mismo núcleo por el misterioso movimiento del Espíritu.

La vida de todas las personas es de oración y contemplación que surge desde la fe en la santa Presencia. Esta fe es el aliento de vida de las personas espirituales. Sus espíritus viven y respiran en el Espíritu, al igual que sus cuerpos viven y respiran del aire que les rodea. En cada una de sus acciones, ya sean físicas o mentales, es como si inhalaran y exhalaran al Espíritu que llena todas las cosas, por dentro y por fuera. Continuamente lo atraen y continuamente lo dispensan, lo que en los parámetros de la vida humana significa la constante aceptación del don de Dios e igualmente la constante ofrenda a Dios y a los demás de este mismo don. Porque al igual que la vida de Dios, nuestra vida humana ha sido enteramente dada y enteramente compartida.

«El viento sopla donde quiere, y oyes su rumor, pero no sabes de dónde viene ni adónde va», afirma Jesús (Jn 3:8). Pero quien es espiritual seguramente debería ser capaz de discernir el Espíritu (1 Co 2:10 y sig). Podemos creer que el Espíritu respira sobre nuestro mundo en primer lugar desde el corazón de los santos, comenzando por los corazones de aquellos que están «llenos con el Espíritu» (Lc 1:25; Hch 6:3; Jn 7:38), habiendo recibido al Espíritu de Aquel a quien le fue otorgado «sin medida» (Jn 3.34). Y esto lleva hacia la comunión perfecta con todos los santos en el mismo corazón de Dios, que lleva consigo todas las cosas en su única actividad. Entonces Dios será todo para todas las personas, y el tiempo habrá devenido en eternidad.

Capítulo 3

La teofanía universal

La oración nunca debiera ser un escape de la labor que Dios nos ha confiado durante el tiempo de peregrinaje en la Tierra. Todos tenemos el deber —se puede decir que innato— de colaborar con Dios en la tarea de desarrollar el universo y sus recursos, poniéndolos cada día más y más al servicio de la humanidad, y de manera que se asegure el crecimiento integral.

Cada uno de nosotros tiene que servir a Dios en los demás hijos de Dios que habitan en la Tierra. Tenemos que desplegar nuestras propias aptitudes, del cuerpo o la mente, con miras a este servicio. Tenemos que cumplir con todo tipo de obligaciones profesionales, familiares, sociales y, también, religiosas. Ninguna de estas actividades es profana en el sentido estricto de la palabra, porque todo lo que ocurre en una vida humana verdaderamente sucede en el misterio de Dios, y debería contribuir al crecimiento del Cuerpo de Cristo.

Aunque podemos ser olvidadizos, aunque pecamos, estamos envueltos por la Presencia de Dios y es imposible escaparnos. Si pecamos significa que estamos desviando a propósito nuestra actividad hacia nosotros mismos, hacia nuestro ego insignificante. De alguna manera tratamos (aunque en vano) de retener en nosotros el flujo de cosas y acontecimientos en su camino hacia Dios, su verdadera meta. Esto es lo que convierte al pecado en algo tan detestable y, hablando con precisión, antinatural: la inexistencia que trata de reivindicarse a costa de ser. Aún así, nada puede finalmente obstruir el plan de Amor infinito, porque ningún mortal puede frustrar la obra del Espíritu.

En la vida de quien ha sido redimido y está en estado de gracia todavía hay menos elementos profanos. Como nos dicen las escrituras, esta persona ha sido elevada a la santidad de Dios. «... sed santos porque yo, Yahvé, vuestro Dios, soy santo» (Lv 19:2). «Porque tú eres un pueblo consagrado a Yahvé, tu Dios» (Dt 7:6). Y una carta de San Pedro pormenoriza sobre esto: «...sois linaje elegido, sacerdocio real, nación santa, pueblo adquirido» (1P 2:9)

Un cristiano es tan cristiano, hijo de Dios, cuando se ocupa de las necesidades más corrientes como cuando va a la iglesia, alaba a Dios, medita en silencio o incluso participa en el banquete eucarístico. Toda su vida está colmada con la Presencia divina y en todo momento, en todo lo que hace, irradia esplendor en torno a su persona.

* * *

La Presencia brilla siempre en nosotros, nos da luz como lo hace el Sol que desde lo alto del cielo extiende sus rayos por toda la Tierra. A veces levantamos nuestros ojos al Sol y miramos directamente su resplandor. Pero incluso cuando volvemos la vista a la Tierra y los objetos sobre ella, gracias a la luz del Sol vemos las cosas, las reconocemos y diferenciamos; porque únicamente el Sol les aporta los colores que distinguen nuestros ojos. Cuando el Sol se oculta tras el horizonte, continúa dando su luminosidad a la Luna que alumbra nuestras noches. Y cuando en los días encapotados las nubes nos impiden contemplar al Sol, incluso a mediodía, podemos ver esas mismas nubes porque desde atrás el Sol las traspasa con sus rayos.

* * *

Orar es ver a Dios, reconocerlo y adorar su Presencia y su gloria en todas las cosas —en todo ser, en todo ser humano, o en cualquier otra criatura con la que el tiempo y la sucesión de los acontecimientos nos ha puesto en contacto.

Dios no tiene forma. Es más allá de toda forma. Precisamente por esto Dios es libre con respecto a toda forma, puede revelarse y manifestarse bajo cualquier forma o apariencia que elija. Mientras la no forma es capaz de representarlo completamente, puede adoptar cualquier forma para revelarse y bajo ella puede pedir en algún momento que se le reconozca. Quienes se burlan de los símbolos divinos con forma, por ejemplo, de pedruscos o animales —muy apreciado en ciertas mitologías— sólo muestran que ellos permanecen todavía en el estado de la idolatría, en su propia religión, puesto que asocian la representación de Dios a formas concretas.

* * *

Todo aquel a quien la Providencia disponga que se cruce en mi camino, como compañero de viaje o un encuentro momentáneo, para mí es signo y manifestación de Dios. Esta persona es el medio del que se vale Dios, justo en ese momento, para darse a conocer a mí y llamarme a Él.

Esto es así porque esta persona *es* -así como Dios *es*; su misma existencia depende del Ser de Dios, porque su ser transitorio existe al compartirlo en el Ser eterno. Esta persona no sólo es y está viva, sino que también es consciente del hecho, porque dentro de su espíritu hay un «despertar del yo» comparable al «despertar del Yo» de Dios en el seno de la Trinidad. La conciencia de ser, y de ser este ser en concreto, que define su personalidad, es un compartir en la infinita conciencia de ser que es Dios en sí mismo. Esta persona que está ante mí tiene una llamada y un destino infinitos y eternos, siendo invitada a disfrutar para siempre la visión inmediata de Dios. Dios le ama con un amor único. Dios le ha llamado a la gloria eterna, dirigiéndose a ella con un «tú» que sólo ella puede escuchar, dándole un nombre que sólo conocen ella y quien le llama. Me resulta imposible olvidar que el Padre, que reina en el alto cielo y ama a esta persona, es el mismo Dios que habita en el centro de mi corazón, la fuente de mi propio ser y del suyo.

Esto no significa necesariamente que la persona cuyo camino se cruza con el mío en ese momento contará con todas las excelentes cualidades que acostumbramos a atribuir a nuestras representaciones de Dios, que será una imagen perfecta de la divina Majestad, un signo impactante de la Presencia. Pero, entonces ¿qué ocurre con nosotros al contemplar sin convicción a este individuo? ¿Somos el espejo perfecto de Dios en nuestros cuerpos, corazones, mentes y comportamiento? Lo que importa en nuestro encuentro no es la calidad de la imagen de Dios que él y yo exponemos; todavía menos cualquier reflexión o comentario sobre esta cualidad. Importa, precisamente, la liberación de esa imagen en sus profundidades y en las mías.

Verdaderamente en estos encuentros, en la comunión entre los hijos de Dios, es donde se revelan, más que en ninguna otra ocasión, los más profundos secretos del amor de Dios.

La vida de la Santísima Trinidad es un misterio de comunión, de encuentro, de uno yendo al otro, de uno siendo desde el otro y para el otro, en la unidad indivisible del Espíritu. El propósito de nuestra creación fue, sencillamente, que pudiéramos compartir en esta vida de Dios, cuyo significado reside en nuestra comunión con los demás. Toda relación humana está impregnada por el misterio de la Trinidad. Dios está en todas partes, y sólo Dios está en todas partes y al mismo tiempo oculto y revelado en su diversa auto-manifestación. Es Dios y sólo Dios quien da, Dios quien recibe; Dios quien ama, Dios quien es amado.

Es Dios o, más preciso, Dios en el misterio de la encarnación de Jesucristo, el único Señor que viene a encontrarse conmigo bajo la forma de este o aquel hermano o hermana. El día de su resurrección, Jesús se presentó ante los suyos —a María Magdalena, a dos discípulos camino de Emaús— bajo las formas que ellos menos esperaban. De este modo quería enseñarles — y a nosotros también— a reconocerle tras los diferentes aspectos que podía adoptar en su «regreso» a nosotros. En la forma de quien está ante mí —no importa si está a punto de golpearme o a ofrecerme su mano— es Cristo quien viene a mí, Cristo quien busca así crecer en él y en mí, para hacer más hermosa la comunidad humana, para acercar la venida del Reino. Es Dios que viene a mí a través de esta persona. En esta persona es Dios quien viene a mí, solicitándome que —con mi respeto y amor, con el humilde servicio que yo pueda aportar— ayude a esta persona a continuar por sí misma el potencial para la vida divina que está oculto en la profundidad de su espíritu.

Esta persona puede ser bronca, irrespetuosa o incluso malvada. Puede que tenga que protegerme, física o espiritualmente, de un contacto cercano con ella, para evitar la posibilidad de infectarme con el mal. Puedo rehusar lo que me pide, que tenga que reprenderle o reclamarle lo que es justo. Sin embargo, nunca puedo olvidar que allá en lo más hondo de esta persona hay al menos una chispa de amor divino y calidez humana. Si me resulta repulsiva o malvada, tengo presente que no es tanto su culpa sino la culpa de una sociedad que le ha marginado y negado el amor. No es tanto su pecado sino más el de sus congéneres —de los que yo formo parte. No puedo sino adorar en ella el rostro divino de Jesús, deteriorado por la suciedad, sangre y babas, que espera una Verónica[1]. De algún modo, Dios necesita de mi amor y respeto hacia este semejante, para así desatar el amor que él mismo es capaz. Este es, de hecho, el fundamento espiritual que subyace a la teoría y la práctica de la no violencia: estamos para manifestar este amor hacia el enemigo que se nos acerca; la calidez y el fuego de este amor puede abrasar su egoísmo y, a la postre, motivar que del amor latente en su interior brote la llama.

* * *

No hay necesidad de describir aquí en detalle las muy diversas vías por las que Dios viene a nuestro encuentro en todas las circunstancias posibles de nuestra vida. Sobre

---

[1] Según la tradición, Verónica fue una mujer piadosa que secó a Jesús la suciedad y sangre de su rostro con un paño en su camino al Calvario.

todo nuestra fe tiene que estar alerta y vigilante, y esto —en sí mismo— aportará luz a nuestras circunstancias y nos indicará la actitud adecuada a adoptar y la acción oportuna a realizar[2]. La fe es fruto del Espíritu Santo, como recuerda san Pablo a las comunidades cristianas de Galacia (Ga 5:22). Y también afirmó (2 Co 3:17): «...donde está el Espíritu del Señor allí está la libertad». Libertad de todo egoísmo, de todos los deseos y apegos que amarran al corazón y le dificultan abrir el paso para que el Espíritu lo eleve y encamine hacia las alturas celestiales, donde todas las cosas se juzgan por el patrón de la verdad.

Unos pocos ejemplos serán suficientes para comenzar a entrenar a nuestro pensamiento.

Quien está llamado al servicio a los demás mediante la enseñanza y la educación en general, la oración será, lo primero de todo, reconocer en los niños y alumnos en general el misterio de la santa Presencia que brilla en el centro de cada ser, pero que está pidiendo ayuda al maestro para eliminar todo lo que impide su esplendor ignorancia, instintos egoístas, indiferencia a la verdad. Su oración consistirá también en ayudar a sus alumnos a progresar en su conocimiento de las cosas creadas, incluidas todas las ciencias naturales y humanas, para maravillarse ante las obras surgidas de la mano de Dios; a adorarle y darle gracias. Por último, ayudará a sus alumnos a crecer en el auto conocimiento, despertar al centro más profundo de su conciencia y a descubrir en ellos mismos el lugar privilegiado donde Dios mismo les está esperando.

La verdadera oración de un médico o enfermero reside en su servicio propiamente dicho, orientado hacia los en-

---

[2] Comparar la expresión de san Juan de «obrar la verdad» (Jn 3:21; 1 Jn 1:6) con el tratamiento de «verdad» en todo Jn 8 y también en Ef 4:15.

fermos, que comprende los esfuerzos para restablecer en sus organismos la fuerza necesaria para una cooperación efectiva con la propia obra de Dios; al mismo tiempo, ofrecer a los enfermos su apoyo cálido, haciendo éstos el mejor uso espiritual de su condición, con paciencia y alegría.

Para quienes su llamada en este mundo es servir a sus conciudadanos en la esfera social y política, la oración es en primer lugar su trabajo para hacer la sociedad más humana, conseguir para sus semejantes unas condiciones de vida más acordes a su dignidad humana y a su condición de hijos de Dios. Ayudar a sus semejantes a dirigir sus pensamientos y acciones en aras de crecer todos juntos en el Señor.

Oración es el encuentro del esposo y la esposa durante toda la vida que comparten en común, incluyendo sus momentos más íntimos. Oración es todo encuentro humano, breve o prolongado, entre padres e hijos, patronos y empleados, ricos y pobres, comerciantes y clientes, funcionarios y resto de ciudadanía, conductor de autobús y pasajeros, y un largo etcétera.

Oración es la sonrisa, la mirada amigable dirigida a otra persona —quizás un desconocido que pasa por la calle, o que he conocido en un viaje— que le dice sin palabras que para mí no es un extraño, sino que le reconozco y amo como a un hermano o hermana. Oración es el acto de fe que salta desde el corazón de los cristianos, cuando sus ojos encuentran a otros ojos de algún modo ambos entran en contacto[3].

---

[3] Dios es Amor, según nos dice san Juan en su primera epístola (1 Jn 4:16). San Pablo incluso apunta a algún tipo de identidad entre «ser» y «amor», al decir: «si no tengo amor, nada soy» (1 Co 13:2). Un versículo de Tirumūlar, poeta místico tamil, nos muestra que esta intuición cristiana se basa en una percepción profunda del espíritu humano:

* * *

Todo cuanto acontece en nuestra vida forma parte del plan de Dios para que surja en nosotros un acto de fe, y alcanzar la plenitud en la oración y contemplación. Sea lo que sea, todo tiene cabida en el propósito divino para el crecimiento como comunidad. La oración está en primera línea a la hora de realizar un sencillo acto de fe en el que, antes de que cualquier pensamiento surja en la mente, nos postramos y adoramos el misterio de Dios: «Sí, Padre, pues tal ha sido tu decisión» (Mt 11:26)

Como Jesús dice en el mismo pasaje de san Mateo, el reino de los Cielos permanece a menudo oculto a los sabios e inteligentes de este mundo, e incluso de aquellos que genuinamente se ven a sí mismos como religiosos y espirituales. Son demasiado ricos (Mt 10:22) para aceptar el regalo de sí mismo que Dios les está ofreciendo constantemente a través de todas las cosas. Son demasiado inteligentes para poder decir: «sí, Padre», como los *niños de pecho* (Mt 11:25), y sobre todo decirlo sin resignación y con la alegría pura e inocente del ingenuo —la misma alegría que colmó el corazón de Jesús en su constante descubrimiento de la buena voluntad del Padre.

Para quien tiene fe, todo proviene del Padre, y todo lleva al Padre. La salud, la enfermedad, la riqueza y la pobreza,

---

Quien diga que Shiva y Amor son dos,
¡en verdad no sabe nada!
¿Quién entenderá verdaderamente
qué es Shiva y qué es Amor?
Sólo quien ha descubierto
que Amor es Shiva y Shiva es Amor
alcanza la Paz,
uno para siempre en Shiva-que-es Amor.

el éxito y el fracaso, todos por igual son manifestaciones de la buena voluntad de Dios. Después de todo ¿mostró menos amor Dios a Jesús, su hijo querido, cuando permitió que fuera condenado por Caifás y Pilato, azotado y crucificado por soldados romanos, que cuando le encomendó de niño al cuidado maternal de la virgen María?

* * *

Cuando elevamos nuestros ojos al cielo y contemplamos el Sol o las estrellas, seguramente estamos orando en verdad; si esta acción está alentada por la fe nos da pie a descubrir la Presencia y amor de Dios en lo que contemplamos[4].

Contemplar con los ojos de la fe los árboles y plantas,

---

[4] Las ofrendas védicas se dirigen a menudo al Sol o, más precisamente, al misterio de la Luz, de la Vida, del Orden y la Energía universal, de la que este cuerpo celestial es un símbolo incomparable:

> ¡OM!, la gloria de Sāvitrī
> ¡el objeto supremo de nuestro deseo!
> Meditamos en su divino misterio;
> que nos inspire todos nuestros pensamientos.
>
> (Rig Veda, 3.62.10)
>
> Esa Luz de la mañana que vemos
> procede de la Semilla primordial
> ¡brilla más allá del firmamento,
> atraviesa la oscuridad!
> ¡Al contemplar esta altísima Luz
> alcanzamos la Luz suprema!
>
> (Sāma Veda, 20)
>
> Con un cáliz de oro
> se oculta la cara de la Verdad
> ¡Pūshan, descúbrela
> para que la pueda contemplar!
> ¡Esparce y recoge tus rayos
> para que pueda contemplar la Luz
> de tu forma más amorosa!
>
> (Ishā Upanishad, 15-16)

frutos y flores, pájaros y demás animales, creados para ayudar a la humanidad en su ascenso hacia Dios, también es contemplar a Dios en el misterio de su manifestación. De hecho, todo lo que hay sobre la Tierra, o en el universo entero, y que deja secuela en nuestra razón debiera florecer en oración cuando la fe está presente. Así sucedió con Jesús, allá donde mirara contempló al Padre, así como vio todo en primer lugar «en el Padre». Podríamos decir también que a través de nuestros ojos y demás sentidos, Dios mismo contempla su propia creación y se regocija al encontrar que todo en ella es «...bueno, muy bueno» (Gn 1:10-31)

* * *

Orar sin cesar no es tanto pensar sobre Dios todo el tiempo sino comportarse continuamente bajo la guía de su Espíritu. Es vivir y hacer «en Cristo» (Ga 2:20) o, mejor todavía, es permitir a Jesús vivir libremente en nosotros su vida como hijos de Dios. Es estar atento al Padre, que viene a nosotros por cualquiera de los caminos que elige[5]. Es es-

---

La fe cristiana también discierne el misterio de Cristo en todas las variadas manifestaciones de Dios en el cosmos y en la historia. El mismo Jesús hizo uso de la imagen de la Luz para ayudar a sus discípulos a reconocerle. Los primeros cristianos, al reunirse a la puesta de sol, solían referirse en alabanza a Jesús como «la Verdadera Luz» en sus himnos vespertinos, el *Phos hilarion* (Luz alegre). Sin embargo, el pensamiento cristiano queda a veces tan sobrepasado por las manifestaciones de Dios en la Biblia que casi olvida la gloria de su manifestación en el cosmos.

[5] Comparar con el Gitánjali 45 de Tagore:

¿No has oído sus pasos silenciosos?
Él viene, viene, siempre viene.
En todo momento, en toda época, todos los días, todas las noches,
Él viene, viene, siempre viene.
En los días perfumados del soleado abril, por la vereda del bosque
Él viene, viene, siempre viene.

cuchar en toda criatura y en todo hecho que acaece el *Tú* con el que el Padre misteriosamente se dirige a cada uno de nosotros comprendido en el *Tú* (Tú eres mi hijo amado) en el que Él engendra eternamente a su Hijo. Es responder con Jesús «Sí, Padre» repleto de fe y amor, en cada acción consciente de nuestra vida.

Cada vez que actuamos de manera consciente —dicho de otro modo: que actuamos como humanos— inevitablemente lo hacemos bien para Dios o bien en su contra. Respondemos a la Presencia de Dios al considerarnos presentes a Dios, o rehusamos a Dios —en cualquiera de los símbolos mentales con los que expresamos nuestra percepción de la relación con lo Absoluto. Incluso si tratamos de huir de su Presencia, la Presencia nos sigue de manera implacable y nos persigue en todo lugar en que tratamos de escondernos. Así ocurrió con Caín, el primogénito de Adán y Eva, que de acuerdo a la Escritura rehusó a Dios al rechazar a su hermano. Ninguna oscuridad puede ocultar a nadie de la gloria que envuelve a Dios (Sal 139:11-12)

En la oscuridad lluviosa de las noches de julio sobre un carro atronador de nubes
Él viene, viene, siempre viene.
De tristeza en tristeza, sus pasos apremian mi corazón; y el roce dorado de sus pies lo que hace brillar mi alegría.

Capítulo 4

La llamada interior

En ocasiones rehusamos deliberadamente responder con amor a Dios. También hay muchos momentos en nuestra vida que nos olvidamos de Dios y de nosotros mismos, y obramos sin ninguna referencia al hecho de que somos seres humanos e hijos del Padre celestial.

El hábito de vivir enteramente por la fe, según se ha descrito anteriormente, sólo se adquiere con el esfuerzo sostenido a lo largo del tiempo, como todo lo demás durante nuestra existencia humana. Sólo con el transcurso del tiempo somos capaces de reconocer las capacidades de nuestra condición, y experimentar con cada vez más autenticidad la Vida divina, que está en el centro de nuestro ser.

No dudamos que adquirimos la fe desde el día del bautismo, o desde el día en que por primera vez en nuestra vida decimos: «sí, Padre». Pero lleva tiempo hasta que esta fe crezca y cale en todos nuestros sentidos y talentos. Este logro, ciertamente, es fruto de la gracia y el don del Espíritu; al mismo tiempo, gracias al esfuerzo que realizamos bajo la inspiración y el impulso del mismo Espíritu.

Entonces nuestro reto es: ¿cómo podemos desarrollar este sentido de la fe hasta el punto de ser capaces de corresponder dignamente al amor y Presencia de Dios? Tenemos al Espíritu de Cristo, tenemos la «mente de Cristo», como valientemente afirma san Pablo de sí mismo y de todos los cristianos (1 Co 2:16). ¿Cómo podemos desarrollar en nosotros mismos esta «mente de Cristo» de manera que sea siempre Cristo quien viva y actúe en nosotros a través de su Espíritu (Rm 8:14), que a los ojos del Padre podamos ser simplemente Jesús, mirándole a Él y haciendo su trabajo?

A veces Dios compite consigo mismo para despertar a los que están dormidos (Ef 5:14; Jn 11:11) y que tomen conciencia de su Presencia, al interrumpir la vida tan fácil en que se hallan asentados. Dios los ama demasiado como para dejarlos en su sopor (Mc 14:37-40). Muchos han tenido la experiencia de un despertar tan brusco que les ha dado un vuelco a su vida, apartándoles de todo aquello en que hasta entonces se apoyaban, y quedándose solos ante Dios — a veces en la propia soledad de Dios mismo, desnudo y privado de todo. De este modo trató Dios con san Pablo, san Agustín, san Francisco de Asís y muchos otros... en un instante, Dios los zambulló en la realidad de su Presencia y sin vías de escape, dejando una marca en sus vidas que siempre perdurará. San Juan de la Cruz, por su parte, nos habla de esos toques arrolladores de Dios en el alma, que purifican todo de manera drástica puesto que sucede más allá de la sensación o el pensamiento. De hecho, en casi todas las vidas humanas Dios interviene a su manera, lo que nos facilita que estemos lo suficientemente alerta para reconocer su venida. Pero, aún así, Dios espera de cada uno de nosotros que nunca distraigamos nuestros esfuerzos para proseguir una vida de fe y mantener la noción de su Presencia. Estos esfuerzos, sin embargo, sencillamente son la expresión espontánea del deseo ardiente de un corazón siempre insatisfecho con todo lo que conoce o saborea de Dios.

* * *

El desarrollo de nuestro sentido de la fe irá normalmente de la mano con la resolución en enfocar la atención en la Presencia en *sí misma,* al menos cuando ninguna actividad importante nos comprometa bajo la forma externa del trabajo u obligaciones sociales. De hecho, resulta imposible lograr cualquier meta sin una disciplina particular; para ello es aconsejable fijar ciertos días u horas cuando —libres de toda obligación, incluidas las oraciones y el culto en común— estamos satisfechos sencillamente con *ser*, con nuestra mirada vuelta hacia el interior y nuestros oídos sintonizados con el silencio interno, prestando atención a una cosa sólo: que Dios *es*.

En estas ocasiones, apartarse exclusivamente para la contemplación no es absolutamente necesario. Los grandes *jnānīs*[1] de India, por ejemplo, no sienten necesario dedicar algún periodo a esta clase de ejercicio en su rutina

[1] *Jnānī*, derivado de *jnāna* — sabiduría (*gnosis* en griego): quien ha alcanzado el misterio interior, el Ser. El camino de *jnāna* es la culminación de los caminos (*mārga*) de devoción (*bhakti*) y del trabajo (*karma*, bien por la realización de los rituales de culto o por el trabajo al servicio de la humanidad). *Jnāna* es el camino de la experiencia espiritual, el asunto al que se refiere este libro, y no tiene que ver con la disciplina de abstracción intelectual, que es lo que el equivalente griego puede querer decir. Todavía menos con las fantasías esotéricas del gnosticismo en su recorrido histórico.

diaria. Incluso hay quienes, Ramana Maharshi por ejemplo, que son abiertamente escépticos sobre su valor, como una vez dijo acerca de un discípulo: «Medita, piensa que está meditando, está satisfecho porque piensa que está meditando; ¿qué consigue con todo esto, aparte de fortalecer su ego?»

De hecho, para los *jnānīs* nada existe fuera de la Presencia. Por ello, sentarse aparte, unos momentos o durante horas, para un ejercicio ideado para tomar consciencia de la Presencia les parece artificial. En todo momento de la vida deberíamos estar en la «meditación»; en todo momento debería haber una búsqueda consciente del *Yo* real por medio de nuestras obras, pensamientos y palabras. Aún así, estos sabios se ven a veces tan sobrepasados por la consciencia de esta Presencia —o como quiera que la denominen— que no son capaces de prestar atención a lo que son sólo signos, es decir los objetos externos, o lo que se percibe con el pensamiento. La luz del Sol sobre las cumbres nevadas puede ser tan cegadora hasta el punto de no vislumbrarlas.

En cualquier caso, tanto si son el resultado de algo como si fuera una compulsión interna, o están buscados deliberadamente mediante una disciplina interior, los grandes momentos de la oración son sin duda aquellos que se dedican a la contemplación del misterio de Dios en sí mismo, cuando toda facultad de la mente queda reducida al silencio. No cabe duda de que la práctica regular de esta contemplación silenciosa es el camino más corto y seguro para alcanzar el estado de atención constante a esa Presencia que se revela a sí misma en todos los lugares y sociedades humanas del mundo.

Este es el significado de la promesa de Dios al profeta Oseas. En su amor imbatible hacia el alma, y a pesar de todas las infidelidades y fragilidades de ésta, Él vendrá para llevársela, conduciéndola por tierras salvajes, cercando todos los caminos por los que solía ir detrás de sus amantes —todos los pensamientos y deseos mundanos— y la mantendrá allí, sola y cara a cara con Dios (Os 2:6 y sigs.)

En sentido estricto, por supuesto que no hay un «afuera» o «adentro» para el misterio de Dios y su Presencia. Sin embargo, la mente queda tan deslumbrada por los objetos sensibles que la primera instrucción básica en la vida espiritual es liberarse del atractivo del mundo exterior[2]. Por esta razón los maestros espirituales inciden en la necesidad de recogerse y reincorporar a su centro y origen todos los pensamientos y deseos que, desde cualquier flanco, inundan sin cesar el alma. Esta fue, por ejemplo, el tipo de meditación continua recomendada por Srī Ramana Maharshi, que denominó «la búsqueda del Ser», en contraste con otras prácticas convencionales de meditación[3]. De hecho, sólo cuando nuestro espíritu ha sido completamente iluminado por la gloria de la Presencia, nos damos cuenta que esta Presencia es un océano infinito de gloria, sin orilla u horizonte en cualquier dirección. Con la abrasadora luz de su gloria, nuestro mismo *yo* —con lo que pueda tener de personal— encuentra difícil mantenerse apartado de esta infinitud. Mucho más allá de los límites a los que nuestro yo queda restringido por los sentidos o la comprensión in-

---

[2] Comparar con este verso del Katha Upanishad (4.1)

> El Creador perforó hacia afuera la apertura (de los sentidos);
> por tanto se mira hacia afuera y no adentro de sí mismo.
> Un sabio, al desear la inmortalidad,
> tornó la mirada hacia adentro, y de inmediato contempló al Ser

[3] Ver *Saccidananda, a Christian approach to advaitic experience*. Delhi (ISPCK). 1984, cap 3: «The inward quest».

telectual, parece que se extiende por todo el universo y por toda la creación; tanto externamente, más allá de todas las cosas, como interiormente, más allá de sí mismo. Parece que alcanza el centro más recóndito de cada ser; ya no hay nada en toda la creación que le aparezca a nuestro yo como «otro», así como ninguna de las obras de Dios le pueden aparecer como «otras».

En esta experiencia de la Presencia exclusiva, el cristiano se da cuenta del valor absoluto del mandamiento de amor, la única «ley» del Nuevo Testamento. Un nuevo mandamiento, dijo Jesús (Jn 13:34) y aún así viejo mandamiento, observa san Juan, porque estaba desde el principio y su fermento se halla en el mismo origen de nuestro ser, en el corazón de Dios.

Sólo podemos amar verdaderamente a nuestro prójimo como a nosotros mismos cuando somos conscientes, en la profunda experiencia de la Presencia, que todos los humanos somos uno en la unidad del Espíritu y que por ello nadie puede ser un desconocido para los demás. Sólo quienes por medio de esta misma experiencia han advertido en el Espíritu que únicamente hay un Hijo de Dios pueden entender que el amor a Dios y el amor al prójimo son uno y el mismo amor.

Jesús es el «hombre para los demás» como a menudo se nos recuerda hoy día. Pero en primer lugar, Jesús es el *hombre para Dios*. Es el hombre para los demás precisamente en virtud del hecho de que, como Dios y humano, se ha dado cuenta en lo más profundo de su corazón que sólo Dios es, y que Él es su único hijo. No hay dentro ni fuera en esta experiencia de la Presencia que Jesús ha venido a enseñar y compartir con nosotros. En Jesús, y por tanto en nosotros, es la escucha de la Palabra singular de Dios la que nos hace ser y nos hace conscientes que Dios está en todas partes y en todas las cosas, y que en última instancia sólo Dios ES.

* * *

En cada momento de nuestra vida, en cada acción que llevamos a cabo con la debida conciencia, vamos encaminados a nuestra meta, que es sólo Dios. Y con nosotros y en nosotros, el mundo obra del mismo modo. Tan pronto como escuchamos la voz del Hijo del Hombre (Jn 5:25), y con ella la voz del Padre, nosotros junto a Cristo, más allá del tiempo y de la historia, nacemos de nuevo, nos levantamos de entre los muertos y alcanzamos nuestro lugar de origen, la infinita gloria de Dios.

* * *

Todos hemos sido llamados para vivir allí, en la gloria, en todos los momentos de la vida terrenal. De hecho, algunos hombres y mujeres están tan fascinados por esta Presencia que les es imposible apartar su mirada de ella. Esto muestra a la vez un signo de grandeza y de debilidad de la naturaleza humana: grandeza en su finalidad original; debilidad en lo relativo al espíritu, cegado cuando la luz es demasiado intensa. En sociedades como la india y de países de predominio budista, y posteriormente en el mundo cristiano, se han reconocido y estimulado estas vocaciones al gran silencio, lo que demuestra la profundidad de su introspección espiritual.

Pero no sólo los monjes y monjas de clausura están llamados a vivir cara a cara con esta Presencia. Todos los bautizados, de hecho todos los hijos de Dios que viven en esta Tierra, tienen un hogar eterno ya existente en el corazón de esta gloria (Col 3:3). Todos y cada uno de ellos deberían acostumbrarse, al menos cuando el Espíritu no les ofrece realizar alguna tarea al servicio de la creación divina, a retirarse al lugar secreto de su corazón. ¿Hay alguien que esté siempre tan ocupado en estas tareas para que no pueda dedicar unos minutos cada día para este retiro? Rabindranath Tagore cantó:

> Sé indulgente conmigo un momento y déjame sentarme a tu lado,
> que luego terminaré lo que estoy haciendo.
>
> (*Gitānjali*, 5)

Estos momentos de remembranza silenciosa son, sin duda, los más auténticos de nuestra vida. En ellos se concentra todo lo demás, aunque no tienen objeto más allá de sí mismos. Sería completamente erróneo considerar el tiempo de meditación, por ejemplo, como una disciplina preparatoria que nos faculta para realizar nuestras obligaciones sociales, trabajo, estudios, etc. de una manera más sosegada y eficiente. O incluso para ayudarnos a progresar en la práctica de la humildad u otras virtudes. La contemplación merece la pena en sí misma, y no necesita posteriores justificaciones. Sin duda, estos momentos elevados de oración silenciosa tendrán influencia en el conjunto de nuestra vida, pero —de nuevo— esta influencia nunca debería ser el objeto de nuestra oración. Su efecto es completamente espontáneo. Según un proverbio indio, algo bueno extiende alrededor su bondad al igual que la rosa su aroma. Su influencia es tan natural como la del Sol, cuya luz y calor se emiten constantemente sobre la Tierra a través del espacio.

Aún así, contemplar el misterio de Dios revelado en la creación no es un bien inferior cuando Dios apunta en esta dirección. Lo manifestado y lo no manifestado son dos aspectos complementarios de la auto-revelación de Dios. Las personas tienen vocaciones diferentes, y ningún humano es capaz de realizar en sí mismo todas las capacidades con que cuenta.

Algunas personas, tanto por su inclinación natural como por la gracia, están llamadas a una vida dirigida principalmente hacia la actividad externa, bien intelectual o física, y por tanto son llevados a contemplar el misterio divino sobre todo lo manifestado en el mundo y la historia de la humanidad. Otras han sido llamadas a una vida más apartada. Su contemplación apunta directamente hacia la Presencia en su misterio más recóndito. Nadie tiene el derecho de subestimar o sobreestimar la llamada que recibe otra persona. Además, en toda vida activa hay lugar para la contemplación de Dios en su gloria esencial; y en cada vida solitaria hay lugar para agradecer a Dios por la gloria de su creación —el «Himno del Universo»— y, al menos, alguna participación en el trabajo de encaminar a esa creación a su culminación. No hay ermitaño, por muy remoto que sea el lugar donde se guarece, que tenga el derecho a olvidar que forma parte de la familia humana. Incluso la frugal atención que debe prestar a las necesidades de su cuerpo siempre le recordará que él también está hecho de carne y por tanto pertenece al mundo creado que manifiesta la gloria y el amor del Señor.

Estas dos vocaciones y actitudes no son en modo alguno contradictorias, excepto cuando se llevan de forma exagerada o se eligen para uno mismo y no para Dios. Se las encuentra juntas no sólo en la Iglesia y el conjunto de la humanidad, sino también en toda vida humana. Cualquiera que sea nuestra vocación, hay ocasiones en las que sentimos la necesidad de retirarnos del mundo externo y olvidarnos de todo lo demás, ocultarnos en la «no manifestada» gloria de Dios. Y en otras nos sentimos más inclinados hacia nuestros conciudadanos, hacia la Tierra, hacia Dios en su «manifestación». Hay en nosotros un cierto influjo y reflujo, que depende de la gracia y también del continuo cambio en el estado de nuestra mente. De hecho esto es bueno porque nos ayuda a mantener un equilibrio entre nuestra vida espiritual —que no es un asunto fácil— y a escapar de los dos opuestos: por un lado un repliegue excesivo y por otro una implicación indisciplinada en el mundo. Quien es genuinamente espiritual se siente como en casa en cualquiera de los estados. Quien está dispuesto a la Presencia de Dios en la creación entrará, cuando llegue su momento, en recogimiento de modo natural, con el pensamiento y los sentidos en calma. Igualmente, quien verdaderamente ha trascendido y ha encontrado a Dios en lo más remoto de su propia profundidad, advertirá de manera natural su Presencia en el corazón de cada ser.

Los hijos de Dios poseen una libertad soberana. Cuando les llega la hora de apartarse al lugar de «meditación», marchan con el gozo de Dios en su corazón. Pero cuando el tiempo concluye, incluso antes si algo imprevisto ocurre, con la misma alegría divina en el corazón regresan al mundo de los «signos». Están listos para permanecer en silencio, olvidándose de todo, cuando Dios les zambulle en su Misterio. E igualmente están preparados para servir a los demás, en el gozo del mismo Espíritu.

Capítulo 5

El descanso sabático de Dios

Según la Biblia, Dios creó el mundo en seis días, y al séptimo descansó. La humanidad está llamada a compartir al mismo tiempo la actividad de Dios y su descanso.

El descanso de Dios no significa, sin embargo, que la obra de la creación haya concluido. La creación sólo estará completa el día en que esta Tierra y los cielos que nuestros ojos contemplan hayan dado paso a los nuevos cielos y nueva tierra profetizados primero por Isaías y después por Juan, el visionario de Patmos (Is 65:17; Ap 21:1). Cuando Dios puso a Adán y Eva en el Jardín del Edén les encomendó su cuidado y cultivo (Gn 2:15), es decir utilizar la Tierra y el universo para que pudieran producir todo lo necesario para el mantenimiento y bienestar de la humanidad. Cada uno de nosotros, a la vez como miembros de la familia humana y por nuestra cuenta, está llamado a cooperar con Dios en la obra de la creación.

Dios hizo a Eva de la costilla de Adán y a ambos les confió la tarea de poblar la Tierra con seres a su propia semejanza, y por tanto a semejanza de Dios. La humanidad sólo puede sobrevivir compartiendo la vida, por medio de la procreación y educación de los menores. Sólo mediante el trabajo en común con los demás podemos cultivar la tierra y obtener de ella la riqueza que contiene, que después de transformada cubre nuestras necesidades. Desde el principio quedó claro que un ser humano no puede hacer nada solo, que no somos *mónadas,* individuos aislados y encerrados en nosotros mismos. Toda nuestra vida es en relación con los demás, vinculados en el amor, según el modelo de propia vida trinitaria de Dios.

Una persona no es únicamente trabajadora, *homo faber,* esclavizada a los quehaceres materiales, literal y metafóricamente amarrada a la tierra. Tampoco es sólo pensante, el *homo sapiens* de la antropología. Su llamada va más allá de cavar la tierra y procesar sus frutos; también más allá de la acumulación de conocimiento, de concebir ordenadores cada vez más potentes, de especializarse o incluso de pasar su tiempo en la contemplación de ideas, como Platón y tras él muchos otros pensadores en el mundo mediterráneo soñaron con hacer. Lo primero de todo, y sobre todo, una persona es la imagen y semejanza de Dios, es el espejo de su gloria; alguien que, como Dios, es consciente de que *es* y en este mismo despertar a sí mismo se abre a una dicha infinita.

En la Tierra, como en el cielo, estamos llamados a entrar en descanso sabático perfecto de Dios, y a compartir en Él su eterna paz y gozo.

> La promesa de entrar en el descanso de Dios sigue vigente...Por tanto queda un descanso sabático para el pueblo de Dios, pues quien entra en su descanso también descansa de sus trabajos, como Dios descansó de los suyos. Esforcémonos para entrar en ese descanso.
>
> (Hb 4:1,9-11)

Sin duda, tenemos que trabajar juntos en construir la ciudad terrenal, los cimientos —por decirlo de algún modo— de la Ciudad de Dios. Pero nunca olvidemos que la Ciudad de Dios, nuestro hogar último, ya está presente «incluso ahora» (Jn 5:25) puesto que el Reino está entre nosotros (Lc 17:21). Y como Dios comenzó su descanso la misma mañana que creó la humanidad, todo trabajo de los humanos en la Tierra debería manifestar este descanso divino.

Desde el comienzo de nuestras vidas estamos rodeados e impregnados por el misterio de este *sabbat*, como lo estamos por el misterio del Reino. Vivir en el Reino es vivir por la fe y en el Espíritu, vivir como «hijos de la Resurrección» (Lc 20:36), es vivir la vida del mismo Dios, porque somos «partícipes de la naturaleza divina» (2P 1:4); es poseer la gloria que Dios dio a su Hijo, y que el Hijo nos transmitió junto con todo lo que recibió del Padre (Jn 17:22, 16.15); es darnos cuenta del misterio de Dios en los recovecos más profundos de nuestro corazón, más allá de todo pensamiento, toda imaginación; más allá de toda posible manifestación de su gloria.

Dios está presente en cada uno de sus signos y aún así, siempre es más allá de todos ellos, más allá de todo aquello en que manifiesta su Presencia, por encima de todo lo relativo al mundo material o mental.

Ningún himno puede honrarte,
ninguna palabra puede decir,
o pensamiento expresar tu gloria;
¡Tú eres la Fuente de toda palabra y de todo pensamiento!
¿Con qué nombre te llamaré?
—¡Tú que tienes todos los nombres
y a quien ningún nombre puede nombrarte!

«Tú que estás más allá, más allá de todo»—
¿qué otro nombre te corresponde?[1]

Todo con lo que Dios se nos revela a sí mismo es una llamada a ir más lejos, a ir más allá.

Neti, neti, «esto no, aquello no»,
no lo podemos asir
no lo podemos amarrar
no lo podemos abarcar

(Brihadāranyaka Upanishad 4.2.4)

Es otro que lo conocido,
otro que lo no conocido.
Allí donde los ojos no acuden,
el habla no acude, ni la escucha,
eso que ninguna palabra dice,
ni pensamiento piensa,
y sin embargo es por eso por lo que la palabra es pronunciada,
el pensamiento es pensado,
que es conocido cuando es no conocido...
la Verdad
el centelleo luminoso ¡ah!
el ojo destella ¡ah!

(Kena Upanishad, 1,2,4)

El signo de Dios es ese relampagueo súbito de Dios, que sale disparado por el cielo sin detenerse en su trayectoria, y que nada puede parar. Todos esos signos son la llamada del Espíritu instándonos a seguir aguas arriba en el arroyo de la auto-manifestación de Dios, y así encontrar la Fuente misma de la que todo proviene. El manantial se revela a sí

---

[1] Himno a Dios, atribuido a Gregorio Nacianceno (329-390)

mismo al gotear el agua desde la roca, y aún así siempre es más allá, infinitamente más allá incluso de ese goteo que nos expone su Presencia.

Dios no nos ha creado únicamente para trabajar con nuestras manos y cerebro, sino para adorar en el silencio profundo del corazón. Incluso por encima de la adoración a Dios estamos llamados a zambullirnos en ese silencio infinito, perdernos allí, incapaces finalmente de pronunciar una sola palabra, incluso de alabanza o adoración. Porque ninguna palabra puede expresar el misterio de Dios, nuestro propio misterio cara a cara con Dios, el misterio del Hijo en la Presencia eterna del Padre, una vez el misterio —que es un único misterio— finalmente ha sido realizado. Entonces, en este caso, la mente no puede pensar ni concebir nada. Sencillamente está superada, reducida a silencio, a la nada, cegada por la Luz —un Sol que no admite a ninguna otra luz una vez ha alcanzado su cénit.

El trabajo creativo de Dios y su descanso eterno son aspectos complementarios de su misterio, y ocurre lo mismo con nosotros: trabajamos y descansamos en Dios. Al construir la ciudad terrenal junto a nuestros hermanos y hermanas e igualmente al retirarnos en el silencio del corazón, experimentamos la plenitud de nuestra llamada como hijos de Dios.

El misterio presente en mi corazón es el misterio también presente en el corazón de todos los humanos. En el lugar donde Dios radica nadie está separado de sus hermanos y hermanas. En el mismo centro del corazón de cada uno de nosotros, donde Dios está y sólo Dios es, encontramos misteriosamente presente a toda la familia humana y a toda la creación. La eternidad está presente en ese momento en que estamos continuamente atentos —todo lo que fue, todo lo que es y todo lo que será, y también todo lo que trasciende estos tres estadios, como dice el Māndūkya Upanishad. Allí también ocurre la consumación y culminación del universo, así como su origen[2]. Quien ha establecido su hogar en su verdadero centro, por este mismo hecho se ha radicado en la fuente y el origen de la automanifestación de Dios.

Cualquier cosa que hagamos en este centro preeminente de nuestro espíritu, lo compartimos en la energía del Espíritu de Dios. En el centro de nuestro ser llegamos a ser de hecho uno con el Espíritu que habita allí (1 Co 6:16). El

---

[2] Identificamos aquí una de las intuiciones fundamentales de los Upanishads, y anterior a ellos de los Vedas. El *Purusha* es todo lo que...

> Todo lo que fue, todo lo que será,
> el Señor de la Inmortalidad.
>
> (Rig Veda, 10.96.2)

> El *Purusha* del tamaño del dedo pulgar
> habita dentro de uno mismo
> como una llama constante y sin humo,
> Señor de lo que ha sido y de lo que será,
> el mismo hoy y mañana.
>
> (Katha Upanishad, 4.12-13)

(Comparar con la Epístola a los Hebreos 13:8: Jesucristo es el mismo ayer, hoy y por los siglos. También en Apocalipsis 1:4,8: Aquel que es, que era y que va a venir)

> Señor de todo, Conocedor de todo,
> el Mando interior, la Fuente de todo,
> el Principio y el Fin de todo lo que es.
>
> (Māndūkya Upanishad, 6)

(Comparar con Apocalipsis 21:6: Yo soy el Alfa y la Omega, el Principio y el Fin)

> Él es todo,
> todo lo que ha sido y todo lo que será
> ¡el Eterno!
> Alcanzando a Él se vence a la muerte,
> ningún otro camino lleva a la liberación.
>
> (Kaivalya Upanishad, 9)

Espíritu impregna todo lo que hay sobre la Tierra y el cielo. Se propaga de uno al otro confín y, a la vez todopoderoso y pacífico, gobierna todo con acierto (Sb 8:1). Es la fuente de todo movimiento en el universo. Todo crecimiento y desarrollo recibe su primer impulso del Espíritu, aunque el Espíritu en sí mismo es el Silencio esencial, el descanso eterno de Dios. Cuando estamos anidados en nuestro propio punto central, nuestras actividades pueden no tener conexión visible con el trabajo de la mente y el cuerpo, y aún así pueden ser muchísimo más eficaces que cualquier otra acción exterior.

La contemplación silenciosa para construir en el corazón de cada individuo esa ciudad que nunca perecerá hace más, en nombre de la humanidad, que cualquier otro trabajo hecho en el mundo para construir las bases humanas del Reino; incluso preparar directamente su llegada con el ministerio eclesial.

Mientras que en lo concerniente al Reino trabajamos normalmente a través de nuestros cuerpos y mentes, el contemplativo trabaja en el descanso de Dios. La «herramienta» con la que trabaja, por así decirlo, es el Espíritu, esa energía de Dios que se menciona tan a menudo en los Evangelios y en las epístolas de los apóstoles. En el Espíritu, el contemplativo traspasa el tiempo y el espacio, está en todas partes, presente a todas las cosas y a todas las personas. Con el Espíritu llega desde un confín del universo al otro. Este es el estado de los «hijos de la Resurrección». Las cualidades del tiempo por venir están ya, en esencia, presentes en él (Hb 11:1), garantizadas por el «compromiso» del Espíritu (Ef 1:14). El final de los tiempos mesiánico se ha cumplido en quienes han escuchado la voz del Hijo del Hombre (Jn 10:27) y han decidido seguirle, incluso al regazo del Padre, donde en la unidad del Espíritu, ha regresado a su propia gloria (Jn 17:5), y donde Él ha preparado un lugar para sí mismo (Jn 14:2)

* * *

Quienes viven en el descanso de Dios ya están engranados en lo que será su ocupación en la eternidad. Con ello reciben lo que podríamos denominar un anticipo de la vida por venir, que desde entonces significa el misterio más recóndito de su propia vida, la misma vida del Padre y el Hijo en la unidad del Espíritu. Pero nunca debemos olvidar que esta experiencia del anticipo es algo que la mente o nuestra consciencia natural no puede discernir. Es «la paz de Dios que supera toda inteligencia» (Flp 4:7), es el gozo de Dios en el que se invita a entrar al siervo bueno (Mt 25:21)

Sería un gran error suponer que estas gracias se reservan únicamente para unos pocos elegidos. El motivo por el que esta consideración está tan extendida es porque mucha gente tiene una concepción errónea acerca de los dones contemplativos y místicos, que los restringen a un fenómeno puramente psicológico que a veces viene dado, pero que como norma general no tiene que ver con la vida mística auténtica. Estas gracias pertenecen al derecho de todo cristiano en virtud de su bautismo; de hecho se podría decir que a todo ser humano por derecho natural. Seguramente fue esta la intención con la que Dios creó la humanidad a su imagen y semejanza, y allí es donde su amor infinito nos llama.

Además, la gracia divina también se confiere a quienes nunca han escuchado el nombre de Jesús[3], del mismo

[3] El modo en que los místicos hablan de su experiencia a menudo está muy alejado de las categorías mentales que se emplean en el cristianismo tra-

modo que san Pablo quedó deslumbrado y así descubrió que los gentiles también estaban llamados a tener fe en Cristo (ver Ef 3)

Esos momentos de nuestra vida en que nos apartamos para esta oración de silencio son la mejor ofrenda que podemos hacer a Dios, la forma más elevada de adoración espiritual (Rm 12:1). Son una especie de diezmo tomado del tiempo que se nos ha dado. De este modo identificamos y reconocemos la soberanía absoluta de Dios. Estos momentos suponen el sacrificio más elevado, porque en ellos ofrecemos y dedicamos a Dios aquello que es lo más grande y noble en nosotros; y no sólo cosas materiales a cuyo uso y disfrute renunciamos, sino aquello que es nuestro en la esfera mental, el gozo supremo (hablando en escala humana) que llevamos en nuestro pensamiento y conocimiento. Como el salmista dice (Sal 40:6-8) Dios no tiene necesidad de ofrendas basadas en nuestros bienes materiales; lo que nos pide es que nos ofrezcamos nosotros mismos, el sacrificio de lo que es nuestra posesión más querida y preciada.

La contemplación es la cumbre y la realización de toda oración. En la contemplación la Eucaristía rinde su fruto más elevado, porque en la contemplación la persona que ora entra real y verdaderamente en la esfera divina —la *res* (asunto) del que el sacramento es su signo— lo más sagrado. Enfrascado en Dios, el que ora ya no es capaz en ningún

---

dicional. Pero nunca debemos olvidar que las palabras carecen del poder para aprehender a Dios tal como es realmente. También los místicos cristianos, a pesar de su deseo sincero de permanecer dentro de los confines de la ortodoxia, con frecuencia tienen que hacer uso de paradojas al tratar de transmitir algo de su experiencia porque con sólo palabras no les alcanza. Para el pensamiento cristiano va a ser muy enriquecedor entrar en contacto con los intentos de formular la experiencia del misterio de los humanos y de Dios que difieran de los desarrollados en el propio cristianismo, que se encuentra bajo la influencia de los sistemas de pensamiento judío y griego.

modo de volver a sí mismo. No puede incluso decir, pensar o sentir que está contemplando a Dios, o que se ha entregado enteramente a Él. Está totalmente absorbido en la experiencia del Dios-que-está-aquí y escasamente alcanza a identificar su propio yo en la luz deslumbrante de la Presencia.

Todo el mundo dispone de tiempo libre, pero también todos lo empleamos sin sentido o de mala manera. Sin duda, siempre tenemos momentos para sentarnos o arrodillarnos en la Presencia de la divina Majestad, y no para solicitar o dar las gracias por algo, sino sencillamente para estar allí, en silencio ante Él.

* * *

Lo que es verdad para el individuo no es menos verdad para la sociedad en su conjunto. La sociedad tiene el deber de aplicarse un «diezmo» de humanidad, y que algunos de sus miembros se dediquen únicamente a permanecer sentados en silencio en la Presencia[4]. Caso de que alguien lo haya elegido, será en respuesta a una llamada personal y una vocación muy especial. En todo caso, al zambullirse en

[4] «Vuestra misión es mantener la plenitud de la vida contemplativa en nuestros días y dar testimonio de ella ante el mundo... la Iglesia la necesita para sostenerse y desarrollarse. La Iglesia tiene gran necesidad de almas con una vida interior sólida, que asiduamente estén entregadas a la práctica del recuerdo de Dios... Si las almas de los fieles no son demasiado puras, entonces hay que refrescarlas con el agua vivificante que mana en el corazón de los contemplativos... No todos aceptan vuestro testimonio; la vida contemplativa está demasiado próxima al misterio de Dios para que la entienda el mundo. No busquéis que todos os comprendan a cualquier precio. Simplemente sed vosotros mismos... Vuestro apostolado es la vida retirada, oculta; hablad al mundo por medio de vuestro silencio». Pablo VI, 'Carta a los trapenses'. *Documentation catholique* 4 y 18. Mayo de 1969)

el divino misterio, del que no hay vuelta atrás, lo hará en nombre de todos sus hermanos y hermanas.

Entre la vida de un cristiano en el mundo, que busca la guía del Espíritu en la consecución de sus actividades y responsabilidades cotidianas, y la del ermitaño que marcha solo al desierto y decididamente atiende a la Presencia interior, hay una variedad casi infinita de llamadas. La Iglesia ha dado cauce a algunas al fundar o reconocer las diversas órdenes religiosas y congregaciones.

Por un lado están las órdenes religiosas, cuyos miembros se ocupan de la educación de los niños, el cuidado de los enfermos u otras formas de servicio social. En el lado opuesto están las órdenes de clausura; y entre medio hay numerosas órdenes de las consideradas mixtas. Sin embargo, el enclaustramiento estricto no es suficiente para que una orden merezca denominarse como contemplativa. Especialmente durante los primeros tiempos de la Iglesia, la única forma de vida considerada como contemplativa (en griego, *theoria*) era la de los ermitaños, que supuestamente vivían en contemplación perpetua de las realidades celestiales.

En nuestros días hay muchos monjes y monjas que, a pesar de su enclaustramiento, están mucho más involucrados en actividades físicas o intelectuales, al igual que sus hermanos y hermanas del mundo exterior. Sin duda, esto es de gran valor pero queda lejos del antiguo ideal de contemplación, o *theoria*. No obstante, está claro que incluso en la regla más auténtica de vida contemplativa hay cabida para un mínimo de actividad secular. Tiene que haber al menos un cuidado de las necesidades físicas y el mantenimiento de la casa, por un lado, y la preservación del equilibrio mental, tan necesario en este tipo de vida, por otro. Pero lo esencial es que cualquiera de estas actividades debería contribuir, directa o indirectamente, a una continua atención al misterio interior, que es la savia vivificante de toda vida verdaderamente contemplativa.

En India, a lo largo de los siglos, la orden (*āshrama*) del *samnyāsa*[5] ha dado testimonio de esta llamada a lo Absoluto. En occidente, desde los primeros siglos del cristianismo, este ideal inspiró a ermitaños en Egipto, Siria y otros lugares de Oriente Medio. La Iglesia nunca ha renunciado a la vida eremítica, pero es innegable que desde la Edad Media muy poca gente la ha practicado. El anterior Código de Derecho Canónico incluso parecía excluirla, al definir la vida religiosa, la vida consagrada a Dios, como «vida en comunidad»[6]. Es un signo de los tiempos y de la gracia de Dios que en las últimas décadas ha revivido en la Iglesia un interés por este ideal y las consiguientes vocaciones. Si hubiera falta de ellas en la Iglesia, sin duda sería un signo de enfriamiento del amor, y señal también del final de los tiempos (Mt 24:12)

---

[5] *Samnyāsa* (término de origen sánscrito que significa «renunciar»): la vida monástica según la tradición hindú. *Samnyāsi/samnyāsinī* monje o monja que ha renunciado al mundo (también *sādhu* o *muni*). *Āshrama*: etapa de la vida. Los cuatro *āshramas* clásicos son: *brahmacharya*, la vida (casta) de estudiante; *grihasta-āshrama*, estado de vida marital, con deberes familiares, sociales y religiosos; *vānaprastha-āshrama*, el estado de quien ha marchado al «bosque», liberado de todas las obligaciones profesionales y dedicando su «retiro» a asuntos espirituales; *samnyāsa*, abandono de todos los derechos y obligaciones de quien vive en sociedad, confirmado en una ceremonia pública y oficial (*dīkṣā*), que se corresponde con la profesión solemne en el monacato cristiano.

[6] Código de Derecho Canónico, canon 487. En el actual podemos ver, sin embargo, un indicio de que la vida eremítica es en sí misma refractaria a toda institucionalización, y que como máximo el Código Canónico debería protegerla y salvaguardarla, pero en ningún modo regularla. Es como si la vida eremítica diese cumplimiento a la función de la Iglesia como recordatorio de que el Espíritu, que actúa a través de todas las diferentes formas instauradas por los humanos o inspiradas por sí mismo, también es soberanamente libre con respecto a todas las formas [Posteriormente a la redacción de esta nota, el Código Canónico de 1983 ha tomado disposiciones para los ermitaños]

Entre las órdenes reconocidas semi eremíticas por la Iglesia de occidente, hay dos dignas de mención especial. La primera es la de los Cartujos, aunque todavía se caracteriza por el énfasis medieval en la adoración litúrgica. La otra es la Carmelita, cuya regla primitiva mantuvo el ideal de la casi continua soledad y contemplación. Y hasta hoy, las monjas de esta orden consideran su celda y la oración en silencio como su posesión más preciosa[7].

Aquí radica la esperanza de que los cristianos de India contribuyan a la espiritualidad universal con una forma auténtica de renuncia: el *samnyāsa*. De esta manera, la Iglesia recuperará, después de siglos, la más genuina tradición de los padres del desierto y el movimiento hesicasta[8], y al mismo tiempo se empapará en profundidad de los manantiales eternos del ideal hindú de renuncia en una vida dedicada sólo a Dios. La Iglesia espera expectante hasta alcanzar este estado intrínseco final, que le revelará la verdadera profundidad de su propio misterio, o le abrirá su hasta ahora insospechado abismo al contemplar la inagotable profundidad del corazón de Cristo. En nuestros días, más que nunca, la Iglesia necesita este testimonio: que Dios es

---

[7] La orden Cartuja, cuyo nombre deriva de Le Chartreuse (Francia), la fundó san Bruno en el siglo XI. Los monjes cartujos llevan una vida parcialmente ermitaña. La orden Carmelita, originalmente eremítica, surgió en Palestina en el siglo XIII. Posteriormente llegó a occidente, pasando a caracterizarse como orden mendicante. San Juan de la Cruz y santa Teresa de Jesús figuran entre los miembros más relevantes de dicha orden.

[8] Hesicasmo (del griego *heschya*, tranquilidad, calma, silencio) es un movimiento espiritual que tuvo lugar en la Iglesia oriental durante la Edad Media, derivado de la tradición contemplativa pura de los padres del desierto. En el capítulo 9 se refiere a él por el importante papel que desempeñó en extender la práctica de la «oración de Jesús». Además, la importancia que dieron algunos hesicastas al control de la respiración y a fijar la atención en alguna parte del cuerpo para ayudar a la concentración son dos puntos comunes con el yoga indio.

más allá de todo, más allá de todo pensamiento y toda palabra que busque expresarle, más allá de todo acto que trate de alcanzarle. La Iglesia necesita este silencio, esta *no acción*, para dar vida a sus actividades, este *más allá de todo signo* para recuperar la verdad plena del signo sacramental que ella misma es.

Sin embargo, una renunciación cristiana como el *samnyāsa* no puede constituir *una orden,* en el sentido organizativo de la palabra, puesto que su espíritu esencial es incompatible con cualquier tipo de institución. En primer lugar supone un espíritu cuyos modos de obrar a menudo desafían la sabiduría humana; y al mismo tiempo -como el *prāna*, el soplo vital de los Upanishads— se difunde por todas partes e impregna a todas las cosas con una nueva, irrenunciable e inagotable vida. Este espíritu incumbe no sólo a lo individual en que se revela a sí mismo, sino al grupo humano que resulta irradiado. Es como esa agua viva de la que Jesús habló, brotando en las profundidades del corazón a partir de la experiencia trascendente de Dios cuando el verdadero Ser nace; un manantial que en el momento fijado por Dios borbotea bajo el umbral del santuario, como lo anticipó el profeta Ezequiel en su última visión (Ez 47), y desde allí se extenderá a lo largo y ancho, llevando vida y salud a toda la tierra prometida.

Capítulo 6

En el camino

Entre las variantes de oración mental que se practican en la Iglesia en occidente, nos podemos referir en primer lugar a la comúnmente denominada meditación, sin olvidar que en los textos que se refieren a la tradición india el término meditación (*dhyāna*) generalmente significa la forma de contemplación más elevada y pura.

En la práctica cristiana esta modalidad de oración consiste en esencia en meditar, es decir reflexionar sobre Dios —su existencia, sus atributos, su amor— o el recuerdo de Jesús, de María y de los santos; en almacenar en la mente sus pensamientos y ejemplos; en examinar la propia condición espiritual; en considerar cómo podríamos o deberíamos servir mejor a Dios, y así sucesivamente. Durante los últimos cuatro siglos la Iglesia, en occidente en particular, ha producido abundantes textos técnicos sobre esta materia, con innumerables ejemplos de estas meditaciones.

Este tipo de meditación es una práctica útil, pero aún así podemos observar que es más una preparación para la oración que una oración en sí misma, en su sentido pleno. Difícilmente se puede decir que su práctica efectiva sitúa al alma en la Presencia del Dios viviente. De hecho, a menudo permanece en el nivel del intelecto, imaginación o ideas; y para quienes se involucran en el estudio filosófico o teológico, corren el riesgo de quedar reducidos al puro razonamiento. Esta clase de meditación busca sobre todo establecer en la mente unas convicciones firmes de tipo práctico, de tal modo que puedan influenciar el funcionamiento del intelecto y de la voluntad. En última instancia, es más una actividad de la mente en relación a Dios que un intento real de contemplación y oración auténtica.

Sin embargo, como disciplina es muy efectiva. Muchos de los que han realizado una gran contribución al crecimiento y desarrollo de la Iglesia en los siglos recientes han sido formados por este método de oración — aunque podría haber conexión entre esta modalidad de oración y la perspectiva excesivamente conceptual y jurídica que afectó severamente a la Iglesia post-tridentina. También es cierto que este tipo de meditación puede ser especialmente útil en las primeras etapas de la vida espiritual. Pero, presumiblemente, al final se queda corta con respecto a la llamada real al cristiano, porque a menudo quienes la practican se quedan indefinidamente en esta etapa introductora, bien por ignorancia o por falta de una buena guía, y nunca intentan medrar hacia un mayor silencio y oración contemplativa. El objeto de la oración en absoluto es pensar sobre Dios o formarse ideas sobre Él, por muy intenso que sea. Su objeto es para Dios mismo. Para Dios trascendiendo todos los signos y ropajes, de quien el alma está sedienta una vez que ésta ha sido saciada por la Palabra de Dios y el Espíritu. Es Dios en sí mismo lo que el alma encontraría, el Dios viviente revelado a los patriarcas y profetas, el Dios que se oculta a sí mismo en sus adentros, y que se consagra en la contemplación de los santos y los sabios.

* * *

Este tipo de meditación desemboca a menudo en un modo de oración *afectiva*, más profunda que la anterior pero que suele quedarse igual de distante de la meta. La oración afectiva en un principio consiste en jaculatorias fervientes intercaladas con reflexiones mentales, en clamores a Dios desde el corazón, en conversaciones (así se las denomina) con el Señor que habita en el alma. Con la práctica, y ayudados por la gracia, se van dejando atrás la especulación y los esfuerzos mentales. Entonces la oración se torna progresivamente en un efluvio del corazón, con el Señor imaginado como que está presente, bien dentro de uno mismo o al alcance de la mano.

Aquí de nuevo disponemos de una práctica excelente. Es una preparación más directa que la anterior para la verdadera oración siempre y cuando, al menos, que echar mano de la afectividad en la oración no derive en sentimentalismo o verborrea. No se puede recomendar muy firmemente como mínimo hasta que el alma descubra el camino que lleva a la cumbre de la montaña. Es muy útil también cuando, según las circunstancias, la mente tiene dificultad para concentrarse y liberarse de las imágenes que la enmarañan. Pero debemos recordar que este tipo de oración se realiza a menudo con una imagen propia de Dios con la que el alma mantiene una conversación —por ejemplo con el niño Jesús en brazos de su madre, o con Jesús que murió en la cruz hace más de veinte siglos. Pero como quiera que sean estas imágenes, y como quiera que se mantengan vivas en la memoria, siguen siendo producto de mi imaginación. Y no quiero contactar en mi oración con un Jesús imaginado, que vivió hace mucho tiempo y en un lugar lejano, sino con el Jesús que está vivo ahora, que corresponde a mi tiempo y lugar; y quiero encontrarme con Él en oración no como un *objeto* de mi pensamiento o de mi amor, sino como alguien cuya Presencia aquí y ahora conmueve todo mi ser[1].

El Dios con el que yo conversaría no es una idea remota de Dios, sino el único verdadero Dios cuya eternidad está completamente presente a cada momento de mi existencia, en mi propia presencia de mí mismo; de hecho, yo estoy siempre con Dios y en Dios, y mi contacto con Él es más íntimo que cualquier cosa que mi imaginación pueda dibujar. Pero, por mi parte, todavía tengo que despertar a esta Presencia.

---

[1] Dios no puede ser un objeto, porque Dios es persona y la relación entre personas descarta ceñirse a cualquier categoría mental. Sólo el amor puede expresar esta relación, por igual en el corazón de Dios y en los corazones humanos. Por ello, como enseña el Evangelio, el amor es el único camino por el que podemos entablar una relación auténtica con Dios o con los demás. Además, solamente en la revelación de la Trinidad la humanidad ha recibido la revelación definitiva de su propio misterio, inseparablemente personal y relacional, un compartir en el misterio personal y relacional de Dios en sí mismo. Por tanto, a través de la vida en relación con el resto de los humanos, el cristiano obtiene la experiencia más directa de la vida de la Trinidad. En la profundidad de cada individuo, y también de Dios, radica el misterio fundamental del «Yo», que inmediatamente queda cara a cara con el misterio del «Tú». Y sin este «Tú», el «Yo» no podría conocerse o expresarse. Este «Yo» no se puede conocer de manera reflexiva u objetiva, sino sólo por medio de la experiencia de identidad —«la experiencia del Ser» según se denomina en la tradición de los Upanishads. El «Tú», sea de Dios o de cualquier persona, el «Yo» de otro, es de este modo para encontrarse en la experiencia, o el conocimiento no reflejo, que todo el mundo tiene de sí mismo; de otro modo, debe ser siempre para mí sólo un objeto. Solamente con la intuición de mi propio «Yo» puedo sentir y darme cuenta del «Yo» de otros humanos, y en primer lugar del de Dios.

Estas formas de oración son como los atrios del Templo del Señor en Jerusalén. El atrio de los gentiles y el atrio de los laicos. Estamos invitados a adentrarnos en el espacio de los sacerdotes, al espacio sagrado, e incluso dentro del mismo Sanctasanctorum. Con su muerte en la cruz, Cristo ha derribado todas las barreras (Ef 2:14). Él ha rasgado el velo que impedía la entrada en el santuario más recóndito (Mt 27:51; Hb 10:20). Todos somos sacerdotes de la Nueva Alianza. Ninguno de los hijos de Dios puede quedarse satisfecho con algo por debajo de entrar en el Sanctasanctorum. Ningún amante genuino puede quedar satisfecho sólo con pensar en quien ama, con mirar su retrato o manteniendo conversaciones imaginarias. No, tiene que portar a quien ama en sus brazos, mirarle a los ojos, abrazarle directamente con todo su ser «¡Que me bese con los besos de su boca!», dice el amado en el Cantar de los cantares de Salomón (Ct 1:2), en nombre de todos los que aman a Dios.

* * *

La oración *rogativa* es muy próxima a la oración afectiva. Aquí no nos referimos a las fórmulas que la gente repite casi como por encanto mágico para obtener de Dios sus deseos; o como un simple efluvio del alma, que confía sus necesidades al Señor, como un niño que se apega al pecho de su padre.

No se puede negar que este modo de oración contiene también un gran valor. Quien se atreva a rechazarla, o incluso a denigrarla, mostraría de este modo su orgullo y falta de fe. Jesucristo animó decididamente a sus seguidores a echar mano de la oración rogativa. En la tarde previa a la Última Cena les recordó: «Pedid y recibiréis, para que vuestro gozo sea pleno» (Jn 16:24). La oración rogativa es, en esencia, el reconocimiento y la aceptación de nuestra debilidad e insignificancia —una insignificancia que sólo el amor puede hacerla buena. Dios solo es nuestra fuerza. Sin Dios no podemos hacer absolutamente nada; incluso no podemos admitir que Jesús es el Señor (1 Co 12:3). Esta actitud del espíritu es verdaderamente muy valiosa ante los ojos de Dios y hay que alentarla, sobre todo cuando esta oración se refiere a nuestras necesidades espirituales, y también con las muy diversas necesidades de los demás humanos que conviven en el mundo; especialmente aquellos que más sufren y se encuentran más indefensos. Pero incluso dicho esto, es un hecho que en esta modalidad de oración siempre existe el riesgo de fomentar en quien reza un volver a sí mismo, y también de estar tan apremiado por preocupaciones mundanas o espirituales que la adoración y la confianza inocente ocupan muy poco espacio.

Poner ante Dios nuestras necesidades y las de nuestros amigos es un punto de partida excelente para el ascenso hacia la oración contemplativa. Pero para evitar que esta oración se convierta en un monólogo interminable, hay que irla purificando continuamente, con nuestro esfuerzo constante que le haga avanzar hacia un nivel más interior. Con el paso del tiempo, la oración rogativa debería ser no tanto un dar *información* a Dios, contarle lo que ya sabe mucho mejor que nosotros mismos (Mt 6:8), sino un acto de adoración en el amor, de esperanza confiada y de sometimiento infantil.

Capítulo 7

Silencio y yoga

La tradición espiritual de oriente, y en especial la de India, tiene un componente muy robusto de oración silente. Desde sus orígenes se ha afanado por encontrar métodos (que en la actualidad podríamos denominar técnicas psico-fisiológicas) que pueden ayudar al camino interior y asegurar una feliz llegada a meta. Esta meta es el centro de uno mismo y de Dios.

> Por ello las palabras retroceden, junto con la mente
> incapaces de alcanzarlo, quienquiera que conozca
> esa bendición de Brahman no tiene miedo...
> el Imperecedero, el Inmortal.
>
> (Taittiīrya Upanishad, 2.4; Mundaka Upanishad, 2.2)

Son técnicas de muy diferentes tipos, que comúnmente denominamos de manera genérica como *yoga* —una palabra que con el transcurso del tiempo ha ido extendiendo su aplicación a otros campos, y que a menudo cubre todo tipo de práctica ascética del camino espiritual.

El yoga auténtico y sincero es en esencia un método, con una faceta interior y otra exterior. Su propósito es llevar a la mente al silencio total. Patányali, el maestro reconocido sobre todo lo que tiene que ver con el yoga, lo define en el primero de sus conocidos aforismos (Yoga sūtra, 1.2) como «el reposo de todas las fluctuaciones mentales».

Junto con este efecto básico de la disciplina del yoga, también es un método sin parangón para alcanzar la auto-maestría y reforzar la voluntad, que está siendo copiado y adaptado en occidente en muchos manuales de formación en psicología. Al mismo tiempo ayuda a un desarrollo armónico del cuerpo, promueve la buena salud, incrementa el control muscular y aporta flexibilidad a las extremidades y los músculos en general. Mención aparte, los reconocidos logros llevados a cabo por los yoguis.

Estos resultados secundarios son probablemente la causa de la actual popularidad del yoga en los países de occidente. Sería de desear, sin embargo, que quienes practican el yoga en estos países no se ciñan únicamente a la postura (*āsana*) y ejercicios de respiración, sino que deberían desarrollar un gusto por explorar las inmensas posibilidades de este método, y permitirle que les lleve a ese vacío interior en el que descubrirán el nivel más profundo de su ser, y al mismo tiempo discernirán su identidad verdadera.

* * *

«*Yoga* deriva del término sánscrito *yuj*, que significa uncir, aparejar [colocar los aparejos a una caballería] o yugo; también unir o encajar. El yogui, quien practica yoga, es el que ha «aparejado» sus sentidos y su pensamiento, y está totalmente preparado para la realidad...»[1]. En el *rāyayoga* (literalmente: yoga regio) tal como se le denomina en los aforismos de Patányali, hay ocho aspectos (o extremidades):

> 1-2) *yama* y *niyama*, controles y disciplinas: no violencia, no robar, no posesiones, verdad, autocontrol, pureza, alegría, austeridad, meditación sobre las escrituras, devoción a Dios
>
> 3-4) *āsana*, posturas corporales y *prānāyāma*, control y retención de la respiración
>
> 5) *pratyāhāra*, apartar a los sentidos de la percepción y la actuación
>
> 6) *dhāranā*: calmar los pensamientos
>
> 7) *dhyāna*: meditación, o mantener el pensamiento en calma
>
> 8) *samādhi*: «enstasis», el logro de la conciencia pura

El *hatha yoga*, o «yoga forzado» destaca especialmente en las técnicas psico-físicas, mientras que en el yoga clásico los tres últimos aspectos (*dhāranā, dhyāna, samādhi*) son los que se consideran esenciales.

El propósito esencial del método del yoga es *ekāgratā*, la concentración de la mente en un único punto. Esto lleva automáticamente a comprobar el flujo mental, y el «pensador» o «meditador» deviene más y más independiente y libre con respecto a las continuas instigaciones de los sentidos, la imaginación y el subconsciente. Como se dice en los Upanishads, en última instancia la libertad del meditador ya no está ceñida a alguno de los diferentes «mundos» en los que el ser se mueve, sino que desde el centro del ser y del universo al que ha llegado es, a partir de ahora, soberano absoluto y maestro en todas las cosas.

---

[1] J. Filliozat: *L'Inde classique*, II. Sect 1445.

El control en las posturas (*āsana*) del cuerpo e igualmente el control de la respiración (*prānāyāma*) se practica esencialmente con vistas a esta concentración psico-mental. Este control trae aparejado, en primer lugar, la misma concentración, aquietamiento y unidad entre los planos físico y psicológico; posteriormente, debido a esta unión psico-física de la naturaleza humana, también se instauran en la psique esas tendencias fundamentales que entrarán en juego en los ejercicios de control psíquico.

La concentración en el yoga se puede dirigir a cualquier punto, interno o externo, real o imaginario. Por ejemplo, un sonido (que también puede ser interno o externo); un sonido proveniente del batiburrillo de sonidos que incesantemente nos llegan de todas partes, incluso distanciarnos de este mismo revoltijo para darnos cuenta de él; o, del mismo modo, el sonido que se escucha internamente cuando los oídos están clausurados. También fijando nuestra atención en una imagen, la del gurú por ejemplo, o en la respiración, método muy sencillo y efectivo: la inhalación y la exhalación, o incluso la tensión y relajación parejas en las alas de la nariz o el abdomen. Otra posibilidad es concentrarse en los latidos del corazón, cuando la atención es lo suficientemente aguda para percibirla.

Es importante para la concentración alinearse con el eje del cuerpo (de ahí la necesidad de mantener la espalda recta), en la línea mediana que une los *chakras*, que son los centros por los que se libera la energía vital psico-física y asciende. Los *chakras* más propicios para la concentración y la meditación, dependiendo de las aptitudes y grado de desarrollo del sujeto, son: en el centro al nivel del corazón (*anāhata-chakra*), en el entrecejo (*ājnā-chakra*) y en la coronilla (*sahasrāra-chakra*). En cualquier caso, lo que se requiere es que *uno mismo* se descubra en el misterio oculto del *guhā*[2], esa cueva interior del propio ser que no se puede localizar y que está más allá de todo nivel de las apariencias y cambio, y también más allá del nivel puramente abstracto de la razón.

En estos días se habla al tuntún del yoga cristiano. Es una expresión desafortunada que lleva aparejada mucha confusión. De hecho, el término yoga se utiliza bien genéricamente como un método ascético, en cuyo caso podríamos igualmente hablar de yoga ignaciano o carmelita; o bien para referirnos al yoga tradicional de India, tal como ha sido definido —pero entonces es difícil ver qué tipo de cualificación religiosa podría contar. No puede haber un yoga cristiano por lo mismo que tampoco hay una lógica cristiana o una gimnasia cristiana. Por supuesto podemos utilizar por separado ciertos elementos del yoga clásico en la práctica ascética cristiana; pero denominar a esto yoga cristiano es, sencillamente, un mal uso del lenguaje. Por otra parte, podemos emplear invocaciones cristianas, en lugar de mantras del hinduismo o budismo (cuyo uso es de todos modos opcional), a lo largo de diversas prácticas, o emplear símbolos o imágenes cristianos para fijar nuestra atención cuando practicamos la concentración. Pero todo esto tiene que ver sólo con un nivel muy superficial de la disciplina del yoga, y no ostenta el derecho a denominarse yoga cristiano. El yoga genuino aspira a detener la construcción de conceptos e inmovilizar el flujo mental, para que toda imagen o pensamiento pueda desaparecer, ya sea hindú, budista o cristiana.

* * *

[2] *Guhā* proviene de la raíz sánscrita *guh* (esconder): cueva o cripta. Este término, o alguno derivado de él, aparece en muchos pasajes de los Upanishads para referirse al corazón, que es al mismo tiempo el centro misterioso del individuo y del universo.

El vacío mental del que es objeto el yoga no se busca por sí mismo. En primer lugar si el vacío fuera un fin en sí mismo, no habría tal vacío sino que sería «algo», y entonces todo quedaría perdido —¡un vacío del que puedes hablar, ya no lo es! El vacío físico en sí mismo sólo es una aproximación, un límite al que nunca se llega. Ni vacío ni no vacío, la experiencia suprema sólo se puede pensar en términos de paradojas. O en su lugar, ya que nuestro pensamiento es incapaz de entenderla, se puede referir a ella mediante signos aparentemente contradictorios e indirectos, que muestran la impotencia del pensamiento y el lenguaje.

Ni ser ni no ser,
Ni del ser ni del no ser...

Sea como fuere, este vacío y esta cesación suponen una apertura y un despertar. Quien practica yoga conoce esto bien, apoyándose en la fe en su gurú y en una experiencia secular registrada en las escrituras antiguas. Una vez se han detenido los procesos mentales y vaciada la mente de sus contenidos volátiles, parece que algo emerge de las profundidades del ser. Alguna fuerza interior o alguna fuente de luz que brilla con su propio resplandor; símbolos que tratan de expresar el impacto de esta experiencia sobre nuestra consciencia en estado normal, por medio de imágenes arquetípicas de la psique. Es como el despertar de la, hasta ahora, fuerza latente, que poco a poco aviva a su vez el *shakti*[3] de la tradición india, cuyo equivalente más cercano en lenguaje de Grecia y del Nuevo Testamento es proba-

[3] *Shakti* se emplea aquí en su sentido primitivo y fundamental, la energía divina, sin ninguna concesión a especulaciones posteriores de la exuberante mitología que se ha formado en torno a ella.

blemente el *pneuma*. Cuando despertamos a aquello que es inherente a nosotros, a aquello en nosotros más allá de toda experiencia de llegar a ser, a lo que trasciende el tiempo —sin principio ni final.

> Eso que no ha nacido nunca y nunca morirá,
> que proviene de ninguna parte,
> y no llega a ser nada
> nonato, eterno, por siempre sí mismo...
> (Katha Upanishad, 1.2.18)

El yoga, entonces, es silencio e inmovilidad. El *wu-wei*, la no-acción de Lao Tse, la *hesychia*, la quietud de los monjes cristianos orientales de la Antigüedad, recogerse consigo mismo, el regreso a la fuente, al vientre —mientras cada vez más de nuestros conciudadanos viven con sus pensamientos puestos en el futuro, en lo externo. Aún así, las paradojas del Evangelio no han perdido su vigencia. Sin un «nacer de nuevo» es imposible ver el Reino de Dios (Jn 3:3). Y el Reino es primordialmente el nivel más profundo de nosotros mismos, donde somos completamente libres y gozamos de todos los derechos de herencia en la casa de Dios. Jesús también dijo: «Pues ¿de qué le sirve a una persona ganar el mundo entero si arruina su vida» (Mc 8:36), siendo así un «asesino del yo» como se refiere en el Isha Upanishad (verso 3)

Jesús, sin duda, tuvo presente el *eschaton*[4], el fin del mundo, ese «más allá del tiempo» que inevitable e inútilmente tratamos de imaginar en parámetros de valores y símbolos de nuestro tiempo. Pero el *eschaton*, la última

---

[4] *Eschaton* (escatología): el fin del mundo, y también lo que hay más allá de este mundo, que se corresponde al «Regreso» del Señor.

hora, verdaderamente es cada momento presente en sí mismo, como Jesús también explicó (Jn 5:25). El *eschaton* es descubrir por mí mismo mi propia y verdadera identidad comprendida en el misterio de Dios. Mientras uno no se ha encontrado allí ¿de qué sirve dominar y ordenar el universo? La humanidad se apresura a ir hacia otros planetas y estrellas, hasta hace poco mediante cálculos astronómicos y en la actualidad en naves espaciales. Podemos recordar la pregunta que planteaba constantemente Srī Ramana Maharshi[5]: ¿*Quién* sale hacia las estrellas? Como hasta el momento nadie ha respondido a esta pregunta fundamental, todo pensamiento y todo paso para aproximarse al resto del universo lleva al ser humano un poco más lejos de sí mismo. Usando otra expresión de los Upanishads, mientras alguien busque un *apoyo* en cualquier otra cosa, nunca se encuentra a sí mismo y está perpetuamente atrapado en un círculo infernal. Porque el apoyo y el significado del universo se encuentra únicamente en uno mismo, en su pura conciencia de ser —precisamente en el origen de la eternidad de Dios. Sólo para quien se ha descubierto a sí mismo *allí*, ese descubrimiento del mundo se torna verdaderamente valioso.

> quien ha encontrado todas las cosas en el centro de sí mismo,
> y a sí mismo en el centro de todas las cosas...
> dentro de este espacio del corazón,
> tan grande como el espacio infinito...
> (Ishā Upanishad, 6; Chāndogya Upanishad, 3:14)

Por tanto, sólo por este camino nuestra acción en el mundo y al servicio de la humanidad es verdaderamente valiosa y efectiva.

---

[5] Abhishiktānanda: *Saccidānanda* pp. 36-37.

La espiritualidad cristiana debería, al menos, tomar un punto del yoga: su búsqueda por un medio u otro para establecer el silencio de la mente y del pensamiento, que es un prerrequisito esencial para un despertar interior pleno. Sólo este silencio permite al Espíritu Santo actuar libremente en el alma. Y es muy difícil para nosotros aparcar las constantes prisas, yendo por delante del Espíritu o a la zaga de Él; siempre estamos deseosos de conocer y actuar por nuestra cuenta y a nuestro propio ritmo. Además, este vacío y este silencio son en sí mismos una llamada, la llamada abisal del espíritu a Dios —abisal porque se origina en la infinitud del amor creativo de Dios.

Este vacío libera a la mente, o más bien al yo profundo, de sus apegos y autoidentificación con los variados caracteres transitorios que se van adoptando sucesivamente ante los ojos de otras personas y ante uno mismo. Por tanto los lazos —esos «nudos del corazón» que refieren los Upanishads[6]— han sido desanudados; lazos que ataban al mundo de las apariencias y esclavizaban al individuo a sus instintos. La persona sabia que ha llegado a este punto sin duda piensa y desea como cualquier otra, pero ya no se identifica a sí misma con sus actos de pensar o desear. Ya no ve nada, o desea nada, en relación a su ego limitado. Todo lo conoce y desea a la luz de lo que es *real* —lo primero de todo, el único Ser (como diría una persona experta en el Vedanta); o Dios en sí mismo (como lo entendería un creyente). Así, esta persona ha recupe-

[6] Por ejemplo, en el Mundaka Upanishad, 2.2.8:

> El nudo del corazón se suelta,
> todas las dudas se disipan y todos los trabajos quedan abolidos,
> cuando se ha visto a Eso,
> [Brahman] el más elevado y el más inferior.

rado su libertad esencial; ya nada le limita ahora las infinitas llamadas a Dios que resuenan en lo más profundo de su ser. Ya nada obstruye las posibilidades de la acción del Espíritu en ella —siendo el Espíritu ese mismo poder que los sabios reconocieron como el que operaba en ellos mismos, en el universo del que vislumbraron una naturaleza divina. Los sorprendentes poderes atribuidos a los yoguis no son más extraordinarios que los milagros realizados por los santos. Los primeros sencillamente han liberado en ellos mismos la misma energía que impregna todo el cosmos, mientras que los segundos, como los Padres del Desierto solían decir, han recuperado el estatus primigenio de benditos —como Adán cuando surgió de las manos de Dios: soberanamente libre y dueño de toda la creación.

Tenemos todo el derecho a cuestionarnos las teorías psico-fisiológicas que a menudo se postulan como la base del yoga, o el reto de entremezclar lo psicológico con lo espiritual. Pero nadie puede negar que los ejercicios de yoga a menudo suponen una ayuda inestimable a quienes aspiran a la oración de silencio. Sin embargo, no se infiere que el yoga sea recomendable para todo el mundo, indiscriminadamente. Todo depende del temperamento y también de la llamada espiritual en el individuo, como los auténticos maestros nos recuerdan constantemente. Con buen criterio, ellos ponen el acento en la concentración interior y continuamente repiten que todos los demás ejercicios son únicamente valiosos mientras lleven a esta concentración. Las posturas y los ejercicios de respiración ciertamente ayudan para el control del desequilibrio muscular y los reflejos, mientras que la práctica de la concentración reduce la inestabilidad mental y libera a la mente de su peligrosa tendencia a la dispersión.

Quien nunca ha tratado de hacer los ejercicios puede sentirse confundido por su sencillez; pero hay que recordar que los reflejos mentales a menudo se aprenden por medios que aparentemente están alejados de lo racional, como también descubren a diario, por ejemplo, quienes aprenden una lengua.

* * *

Es deber de todos mantener el cuerpo sano y fuerte, e igualmente desarrollar sus capacidades mentales. También es nuestro deber prepararnos para el despertar interior en el centro más profundo de nuestro ser, puesto que allí se consume de manera suprema el encuentro esencial con Dios, puesto que para esto hemos sido llamados a existir. Además de la gracia, que ciertamente nunca les falta a quienes son sinceros, la *experiencia del Ser,* como se denomina en India, es el mayor de los actos humanos, y sin ella ningún desarrollo humano se puede considerar completo.

La conciencia del Ser subyace a toda nuestra vida psicológica y actividades, pero no se puede identificar con ninguna manifestación particular de estas actividades. En la experiencia psicológica corriente, la conciencia de nosotros mismos se fusiona con nuestras percepciones, externas o internas, de manera que no se pueden aprehender por separado. Sin embargo, está claro que más allá de estas percepciones efímeras hay algo en nosotros que permanece intacto e invariable. Además en el sueño profundo (en el que no hay sueños) estamos aparentemente inconscientes y sin embargo continuamos *siendo*. La experiencia de conciencia pura, que la práctica del yoga tiene en consideración, es llegar a ser consciente de uno mismo independientemente de todas las calificaciones que podamos percibir;

sencillamente consiste en ser consciente de que *soy*, no de que estoy haciendo esto o lo otro.

Sin duda, esta experiencia del Ser es el punto más elevado que puede alcanzar la actividad psicológica humana. Es el sustrato de cualquier experiencia mística genuina. Se puede decir también que en esta experiencia la mística se encuentra en su estado más puro; no importa la forma que posteriormente pueda adoptar en la psique humana. En otros estadios de la vida psicológica, el misterio divino se alcanza únicamente bajo el velo de conceptos e imágenes. Pero sólo Dios en sí mismo es capaz de satisfacer la profunda sed existencial de la humanidad, tal como nos recuerda vehementemente santo Tomás de Aquino (por ejemplo, al comienzo de la segunda parte de su *Suma teológica*, I-II, cuestión 1-5). Únicamente en el centro de nuestro ser, en esta experiencia de conciencia pura, dispondremos, al menos, de un destello del misterio fundamental de Dios en sí mismo.

El objeto de todo yoga es alcanzar esa conciencia pura de Ser que es Dios, por medio de conciencia pura de ser que somos nosotros, radicada en lo profundo de nuestro ser. Hasta que se llega a este punto, Dios es pensado y entendido como otro; pero esta cualidad, percibirlo como un otro, es una simple proyección de nuestros sentidos, que perciben todo como un otro. Percibirlo así no hace justicia ni a la trascendencia de Dios ni a su inmanencia. En la experiencia de la que tratamos, Dios aparece en ese mismo punto donde la Conciencia (*cit*) se identifica con el Ser (*sat*) en un éxtasis infinito (*ānanda*) del Espíritu, que es uno (*a-dvaita*, no-dos) en el Padre y en el Hijo, e igualmente en Dios y el humano, siendo el indivisible Saccidānanda...[7]

[7] Ver la obra del mismo autor: *Saccidānanda*, caps. 14-16 [*Saccidānanda* es la conjunción de los tres vocablos: *sat, cit* y *ānanda*,. N T]

Para quien está dotado de gracia santificante, esta experiencia del Ser sólo la puede conocer mediante el poder del Espíritu, como ocurre con todas las actividades humanas. Un tema que la teología occidental estudia bajo el título de «los dones del Espíritu Santo»[8], siendo el más elevado es el de la Sabiduría. Con este don, el Espíritu opera en el punto central del alma, allí donde no hay nada sino puro despertar del Ser, conciencia pura del Ser, más allá de todo lo que se percibe o piensa. El don de la sabiduría nos capacita para tener la experiencia de que, por la gracia, somos «partícipes de la naturaleza divina» (2 P 1:4) y para alegrarnos de que el misterio divino es, como si así fuera, "nuestro" a través de un tipo de «connaturalidad» entre nosotros y Dios, como explica santo Tomás de Aquino al tratar sobre este don. Habida cuenta de esto, tenemos una tarea cierta, como miembros de la familia humana y más aún como cristianos, para desarrollar las capacidades de nuestra mente para el silencio y para mantenernos en un estado de constante vigilia, esperando al Espíritu.

El cristiano que busca la oración verdadera no puede ser indiferente a todo esto. Cualquier oración que, incluso de manera inconsciente, contemple a Dios como un objeto no es una oración «en espíritu y en verdad». Dios no puede ser un *objeto* porque, por definición, un objeto depende de un *sujeto*, que pone al objeto delante suyo (*ob-jicit*) para que pueda mirarlo o tratar con él, y de este modo hacer de ello

---

[8] Tradicionalmente hay siete dones, cuyos nombres se referencian al profeta Isaías (11:2). Por ejemplo, por medio de los dones de la inteligencia y sabiduría, el Espíritu hace posible la comprensión y la escucha interior del mensaje de Dios contenido en la revelación y, anteriormente a ella, en la creación. El trabajo del Espíritu llega a su plenitud cuando en la experiencia del Ser el individuo concuerda consigo mismo, y trasciende los límites de su conciencia fenomenológica.

un *tú* o un *él/ella*, o algo *no personificado*. No podemos hablar propiamente de Dios en tercera persona, a pesar de las exigencias de las convenciones gramáticas o lingüísticas. Dios viene *primero*; *yo* soy solamente yo mismo en el *tú* con el que Dios se dirige a mí. Sólo Dios es la primera persona, en el sentido apropiado del término, porque Él es la fuente de todo diálogo. La experiencia auténtica de la Presencia requiere que nos debiéramos encontrar con Dios como la primera persona, como *Yo*. Nunca encontraré verdaderamente a Dios cuando pienso en Él como un objeto, sino únicamente en la profundidad de una experiencia depurada de mi propio *yo*, que es una participación del único *Yo* divino.

Mientras nuestra oración consista en pensar y sentir, tratar a Dios «en relación con nosotros mismos», es seguro que no hemos entrado todavía en la «mansión» más recóndita del Castillo interior, de acuerdo a la imagen ofrecida por santa Teresa de Jesús. Quienes anhelan a Dios nunca se detienen ante cualquier cosa, sea pensada o sentida, sin importarle lo enaltecida o inspiradora que parezca. Dios es más. En el Libro de los proverbios (Pr 30:15-16) se dice que hay tres cosas —y una cuarta— que nunca dicen «suficiente». Pero más que el Sheol (según el judaísmo, el lugar donde van las almas antes de que llegue el Mesías), el vientre estéril, la tierra reseca y el fuego, es el espíritu en su camino hacia Dios quien grita sin cesar desde lo más hondo de sí mismo: «todavía no es suficiente», «*neti, neti*»[9]. Nada puede satisfacer a este espíritu salvo Dios mismo. Sin em-

---

[9] *Neti, neti*, una expresión del sánscrito, que se repite frecuentemente en el Brihadāranyaka Upanishad. Significa «esto no, aquello no», y su propósito es transmitir un sentido de inaccesibilidad al misterio divino (ver poema en p. 80)

bargo nunca será capaz de alcanzar a Dios mientras no esté dispuesto a abandonarse, a la vez que sumergirse y perderse en la inmensidad de Dios mismo. Sólo así entiende el espíritu que el silencio es la alabanza más elevada y auténtica: *silentium tibi laus*[10]. El alma entonces es sencillamente silencio, un silencio al que ha sido llevada mediante el profundo recogimiento en sí misma y el aquietamiento de su actividad interna; pero ahora es un silencio que el Espíritu hace resonar con la Palabra eterna, un silencio que es todo esperanza, contemplando al Uno que está allí, pura espera, un despertar...

* * *

Naturalmente, esta vía conlleva riesgos; todo camino espiritual verdaderamente eficaz va acompañado de riesgos. Nadie debería transitar por el camino del yoga —obviando los primeros pasos— sin contar al menos con la ayuda de un guía firme. En India a este guía se le denomina gurú —es decir alguien que ha recorrido este camino y al menos ha vislumbrado la meta a alcanzar; alguien que también muestra prudencia, en términos humanos y espirituales; alguien capaz de dirigir a otras personas sin imponerles sus propias ideas. «El gurú no es un maestro cualquiera, ni un profesor, ni un predicador, ni un guía espiritual ordinario o director de almas, alguien que ha aprendido de los libros o tal vez de otras personas lo que a su vez transmite a terceros. El gurú es alguien que en primer lugar ha alcanzado lo Real, y conoce por experiencia personal el camino que lleva hasta allí; alguien que es capaz de dar al discípulo la introducción fundamental a este camino (...) la conciencia

[10] «Alabarte es silencio», basado en el texto hebreo del salmo 65:1

lúcida y transparente de que él es»[11]. El gurú, sin embargo, nunca hace más que la iniciación; su única función es facilitar que el alma sea receptiva al Espíritu. Una vez el Espíritu han sido reconocido en el interior, el gurú desaparece; dicho de otro modo, el gurú ha sido únicamente «la manifestación visible del Espíritu» (1 Co 12:7), cuyo propósito es preparar el camino para el encuentro cercano con el Espíritu. El gurú ha enseñado las técnicas básicas para la interiorización, ha observado con detalle que el discípulo no está desorientado por esos «espíritus» que merodean inquietos en su corazón, y que no debería confundir con lo que puede ser sólo una descarga de su propia psique para así impulsar al Espíritu. De este modo el gurú le ha encaminado al «Castillo interior», hasta traspasar las murallas exteriores. Ahora, como san Juan Bautista, una vez que el encuentro entre el novio y la novia ha tenido lugar (Jn 3:29 y sigs.), el gurú se aparta o, mejor, se retira en su propio misterio.

Hay abundantes guías para los caminos que llevan al Castillo, e incluso para sus antesalas -las estancias exteriores del templo del alma. Pero una vez se entra, el único Guía es el Espíritu. Quienes ya están dentro pueden invitar a entrar —replicando la llamada del Espíritu: «el Espíritu y la Novia dicen, ¡ven!» (Ap 22:17). Pero la última etapa de la peregrinación la tiene que alcanzar cada uno por sus propios medios. De hecho, las puertas se abren desde dentro de uno mismo, una detrás de otra, una vez que la fe y el amor son lo suficientemente fuertes, tal y como san Juan de la Cruz expresó certeramente (*Noche oscura*, 3,4):

---

[11] *Gurú y discípulo. Un encuentro con Srī Gnānānanda Giri, maestro espiritual contemporáneo*. Pequeña Tierra, 2017.

En la noche dichosa,
en secreto que nadie me veía,
ni yo miraba cosa,
sin otra luz y guía
sino la que en el corazón ardía.

Aquesta me guiaba
más cierto que la luz de mediodía,
adonde me esperaba
quien yo bien me sabía
en parte donde nadie parecía.

En última instancia sólo hay un camino y sólo un medio: la fe —la fe ligada a la esperanza y al amor. La fe se toma en serio las promesas de Dios y la casi increíble revelación de que hemos sido elevados por la gracia al estatus y el honor de ser hijos de Dios; de hecho cada uno de nosotros hemos sido creados para esto. La esperanza, su acompañante, no busca nada de ninguna acción humana sino que confía enteramente en el Uno que nos ha llamado; y, precisamente, por su nulo poder humano, extiende el inmenso poder de Dios. Con respecto al amor, no puede sobrevivir cuando aquellos que se aman tienen que estar separados. De este modo, el amor motiva con todo su enérgico ímpetu a realizar esa verdad plena de su unidad misteriosa, que es la de Jesús y el Padre celestial, en el misterio del Espíritu.

Capítulo 8

La palabra de Dios

La antigua tradición monástica dio gran relieve a la llamada *lectio divina*, lectura espiritual o devota, es decir la lectura realizada en presencia de Dios y en un espíritu contemplativo. En este tipo de lectura contemplativa, como la denominaban los antiguos maestros, hay involucradas tres personas: el que lee, el autor cuyo texto se lee y el Espíritu Santo, que es el vínculo entre ambos y el entorno en el que convergen.

Esta tradición de lectura devota, que va más allá de la noción moderna de lectura espiritual, era a los monjes de aquel tiempo lo mismo que representa la meditación en la espiritualidad actual. De hecho es necesario que asimilemos la Palabra de Dios que nos llega por diversos medios: la Revelación, el mundo tangible, la enseñanza de los sabios, la escucha en el silencio de nuestro corazón. Sólo de esta manera ponemos a disposición del Espíritu todo nuestro ser. El propósito esencial de la *lectio divina* es alimentar la mente «en espíritu y en verdad», y para ello se reservaban largos periodos a lo largo del día en los monasterios y las celdas de los ermitaños. Para comprender su importancia hay que referirse a la Regla de san Benito, que de ninguna manera fue escrita para intelectuales, que asignaba largas horas para leer las Sagradas Escrituras, los escritos de los Padres de la Iglesia y de otros autores monásticos. Al dedicarse a esta lectura devota, y al canto de la liturgia, los monjes nutrían sus almas con pensamientos santos y aspiraciones piadosas. En estos tiempos de silencio colmaban sus corazones en oración y adoración. Los momentos más propicios para esta oración más interior eran normalmente los que seguían al Oficio Divino[1].

* * *

Esta lectura devota no es, propiamente dicha, lo mismo que el estudio, aunque se debería proceder con la misma seriedad y atención que se aplica normalmente al aprendizaje. La lectura no está dirigida, al menos directamente, a adquirir conocimientos nuevos. Ninguna persona espiritual busca un conocimiento que añadir a su almacén de información, o para desarrollar la mente a su entera satisfacción. Como afirma un antiguo dicho, todo conocimiento debe devenir en amor. Todo conocimiento debiera ir más allá del nivel racional, y alcanzar la misma fuente del intelecto, es decir el «corazón» (tal como lo entendió Pascal, y se entiende en India), ese centro de nuestro ser que es el lugar de encuentro con Dios. En la lectura devota deberíamos buscar sobre todo estar en sintonía con el Espíritu, para recibir su iluminación e inspiración.

[1] El Oficio Divino consiste en oraciones (salmos, lectura de las escrituras, himnos) que los participantes tienen que recitar, bien en común o a solas, durante unas horas estipuladas cada día.

La Revelación nos enseña que las escrituras han sido inspiradas directamente por Dios. Los escritos de los santos, naturalmente, no pueden demandar el mismo grado de inspiración, pero normalmente provienen de su experiencia personal en el amor de Dios y de un profundo sentido de su Presencia; y el propósito es transmitirnos la misma experiencia por medio de sus palabras.

Las palabras son siempre signos, incluso desde un puro punto de vista psicológico. Más allá de su significado inmediato, llevan consigo el halo completo de la experiencia que les acompaña en la mente de quienes las pensaron o expresaron. Este halo precisamente se pretende reproducir en las mentes de quienes las leen o escuchan. Esto es más cierto cuando las palabras se refieren a esas experiencias espirituales que han sobrepasado todo pensamiento concreto.

> ...donde las palabras retroceden, junto con la mente,
> incapaz de alcanzarlo...
>
> (Taittirīya Upanishad, 2.4)

En las palabras con que nos hablan los santos y sabios subyace la experiencia de Dios en sus corazones. Palabras que significan las cosas de Dios, que hay que comprender primeramente en su significado preciso en el nivel racional. Pero, en última instancia, su objeto debe ser despertar a todo nuestro ser y hacerlo «vibrar» para Dios. Mientras no hayan provocado este despertar en el corazón, estas palabras no han cumplido fielmente su función, la de ser signos «transmisores». Cuando escuchamos o leemos las escrituras, o cualquier otro texto de contenido espiritual, lo que cuenta esencialmente no son los símbolos verbales que componen el mensaje, o incluso los pensamientos que transmiten; es la riqueza de la experiencia interna de la que esas palabras y pensamientos han manado, y que pretende reproducirse en nosotros mismos. Son sólo signos, y como tales apuntan a más allá de sí mismos. Sólo queda verdaderamente acreditada su labor cuando han desaparecido en aquello que significan.

Cuando el maestro transmite un mensaje auténtico al discípulo, las palabras utilizadas, o mejor dicho su contenido, pasa directamente desde el corazón y la experiencia de quien habla al corazón y la experiencia de quien escucha. Al mismo tiempo, más allá y en el núcleo de lo que se ha expresado con los labios y escuchado con los oídos, parece que algo pasa directamente desde el centro de un ser al centro del otro. También lo podríamos expresar diciendo que algo *ocurre* en ese único centro en el que todos convergemos y compartimos. Esto no nos debería de sorprender, porque el mismo Dios es el centro más íntimo de todos los seres espirituales, y el Espíritu es un «medio de comunicación» más verdadero y eficaz que cualquier otro medio en el mundo natural. En última instancia es quien da a la narrativa del Evangelio ese deje tan especial. Nos podemos preguntar cuánta mayor sería la fuerza y eficacia del mensaje del Evangelio si la prédica con la que se nos muestra proviniera siempre del centro del corazón que iluminó a Jesucristo, y que recibieron quienes le escucharon en persona.

Del mismo modo, en la lectura devota el Espíritu mantiene el contacto entre el corazón del lector y el corazón del autor. El Espíritu trasciende el tiempo, el espacio, y toda circunstancia física, y quien ha nacido en el Espíritu comparte su misterio (Jn 3:8). Cuando alguien está enteramente en sintonía con el Espíritu, entonces su lectura espiritual —e igualmente sus pensamientos y meditaciones— se tornan en verdadera oración.

* * *

En la vida espiritual del cristiano hay también un lugar para la lectura grupal contemplativa. Como a menudo se recuerda en los textos, las llamadas individuales se han de respetar siempre, y en primer lugar la llamada a la soledad, siempre que sean genuinas y no escondan el deseo de escapar o rechazar a la sociedad. Sin embargo, es obvio que de ordinario el humano vive en un mundo de comunión e intercambio. Por tanto, es natural que —al menos ocasionalmente— los fieles se congreguen para leer y meditar juntos sobre las escrituras u otros textos que les puedan ayudar a comprender mejor el misterio de Dios.

Cuando hablamos de lectura grupal no estamos pensando en la aburrida práctica en la que quien dirige la reunión toma el libro, lo lee en alto y después comenta sobre lo leído, mientras el resto permanece completamente pasivo. En cualquier caso, la gente más joven que tan acertadamente insiste en participar no lo aguantaría. En la lectura colectiva todos debieran tomar parte activa, un acto de auténtica *koinónia*, y todo el mundo compartir amor y humildad con los demás, todos en sintonía con el Espíritu y aguardando su inspiración.

Para la lectura grupal, la primera opción sería la Biblia, la palabra siempre viva de Dios; pero es válido cualquier libro espiritual de valor acreditado. Para quienes la Providencia ha puesto en contacto con los tesoros espirituales de otras tradiciones religiosas, resaltar que estos textos, ya sean espirituales o no, sólo revelarán sus secretos y se comprenderán completamente a través de una lectura contemplativa, en primer lugar a solas y después, en la medida de lo posible, en compañía de otras personas.

Hay un método de lectura colectiva que ha demostrado ser muy fructífero. Se comienza con la lectura de un texto, a ser posible utilizando dos traducciones diferentes cuando el original es de una lengua distinta a la utilizada. Entonces quien conduce el grupo dedica una breve introducción al pasaje leído, para posteriormente guardar silencio. Este silencio debería durar al menos cinco o diez minutos; cada uno emplea este tiempo para vaciar la mente de todos los pensamientos irrelevantes o egocéntricos y deseos, para abrirse así completamente al Espíritu. Después de esto es hora de compartir, cada cual formulando preguntas, escuchando al Espíritu que habla a través de los demás, o expresando sencilla y francamente sus pensamientos sobre el texto leído. Únicamente la práctica puede probar la efectividad de este método como medio para entrar en el verdadero significado existencial del texto, para nutrir en lo profundo al espíritu, y para reforzar la experiencia de comunión fraternal. Hay que tener en cuenta siempre que ninguno de los presentes se retira en una especie de aislamiento egoísta o, peor aún, le surge la tentación de presumir de su propio conocimiento y se auto posiciona como instructor de los demás.

* * *

Los cristianos no se juntan sólo para meditar en común sobre la Palabra de Dios: mucho más a menudo se reúnen para escuchar esa Palabra, proclamada públicamente durante el culto divino en la iglesia.

Sin duda, la oración en común y el culto son un deber fundamental para el cristiano, y el tiempo dedicado a ellos es de los más importantes de nuestra vida. Por supuesto que toda oración cristiana es oración en común, incluso cuando se ofrece en la soledad de una celda monástica, o en la intimidad de casa (Mt 6:6); porque sólo podemos orar en comunión con Jesús y por tanto con todos nuestros correligionarios cristianos. En lo que aparenta ser una oración en solitario, toda la Iglesia está presente y, de hecho, toda la familia humana. No podemos ser cristianos sin ser, como Jesús, la-persona-para-los-demás, la-persona-con-los-demás. Pero cuando los fieles oran juntos, hay una verdad añadida, anclada en su hermandad eclesial y humana. Esto es lo que quiso decir Jesús cuando prometió a sus apóstoles que estaría siempre presente «donde están dos o tres personas reunidas en mi nombre» (Mt 18:20). La oración litúrgica, sin duda alguna, es el signo más elocuente de esta comunión de los santos.

Pero cuando, por añadidura, se ofrece con un espíritu que iguala a la oración, es un medio especialmente efectivo de dar a conocer al alma el misterio interior.

La renovación actual de la Iglesia[2] ha dado una importancia especial al culto litúrgico. Se están haciendo todo tipo de experimentos en lugares diferentes, se publican nuevos textos, y ensayan nuevas formas. En este tiempo crucial, cuando las nuevas direcciones están tomando forma, es muy necesario para el movimiento litúrgico apoyarse en una experiencia profunda de oración contemplativa; si no, se hace duro pensar en cómo esquivar los peligros que estas innovaciones conllevan. De hecho, los actuales experimentos litúrgicos a menudo muestran sólo unos pocos signos de que sea una oración genuinamente «en espíritu y en verdad».

---

[2] El autor se refiere al Concilio Vaticano II.

La oración litúrgica tradicional deriva directamente de la oración y contemplación de los monjes medievales. Algunos de los temas en que hace énfasis ya no están de actualidad hoy en día —por ejemplo la debilidad de los humanos y el pecado; también su mirada a menudo queda restringida a la cristiandad y sus formas no alcanzan a expresar la plenitud de la comunidad humana o, incluso, de la cristiana. Por tanto, hay que esperar que las nuevas formas litúrgicas y oraciones se abran a los valores que hoy día son más importantes para la gente, como la dignidad de la persona humana, la bondad de la creación, la implicación del cristiano con el mundo y la justicia social. Sin embargo todo esto hay que integrarlo en nuestra oración interior, para que su expresión litúrgica no sea únicamente la repetición de consignas conocidas, sino el vehículo para la oración auténtica que mana fresca de la contemplación de esos mismos valores en el mismísimo misterio de Dios. Cuanta más espontánea es la oración litúrgica, más necesario es enraizarla en una experiencia profunda. Ahora que las fórmulas y estructuras se están cuestionando, el cristiano sólo encontrará un punto de apoyo firme y un sentido de su verdadera identidad en la experiencia esencial de la Presencia de Dios, en su propio interior y alrededor de él, en el interior de todas las cosas y también más allá de todas ellas.

Una liturgia renovada debería, por encima de todo, manifestar esta experiencia. La espontaneidad sólo conseguirá zafarse de la superficialidad y la verborrea si es la expresión de un verdadero espíritu contemplativo. Las nuevas formas de oración deberían poner el énfasis en el misterio interior y la maravilla de la Presencia (hay muy poca de ella en las formas antiguas). Estas nuevas formas deberían ayudar a los cristianos a adquirir un gusto y un deseo por ellas, para que en sus oraciones puedan pedir por un conocimiento interior de esas realidades y un despertar interior; en lugar de rogar para librarse de los vagamente definidos peligros del cuerpo y el alma, tan comunes en las formas antiguas.

Los cantos meditativos que facilitan al devoto saborear el misterio pueden tomarse de la Biblia y de textos pertenecientes a otras tradiciones, en los que el sentido de esta Presencia también se expresa en unos términos que pueden suscitar un anhelo por ella. Los periodos de silencio —que por fin han tenido reconocimiento en la oración en común— se deberían prolongar más, sobre todo en grupos contemplativos y comunidades que están especialmente abiertas a la llamada al silencio. Cuando la gente vuelve a su vida cotidiana después de esta oración, cada cual debería haber adquirido un sentido de profundo recogimiento interior. Sólo entonces la liturgia habrá recobrado su significado pleno en la vida cristiana, y el antagonismo que se solía señalar entre el culto ritual y la oración genuinamente contemplativa ya no tendrá lugar.

Hay algunas órdenes religiosas en la Iglesia cuya vida está dedicada a la alabanza a Dios en el culto litúrgico, por ejemplo los Canónigos regulares[3] o los Benedictinos. Otros, como los Carmelitas, al menos según el propósito fundacional de la orden, están consagrados a la oración silenciosa. La Iglesia es como un gran árbol, sus ramas albergan pájaros de todo tipo y sus frutos dan alimento conforme a la necesidad de cada uno. Manifiesta su misterio de muchas formas, que varían de acuerdo al tiempo histórico, el lugar y la naturaleza de los diferentes individuos.

---

[3] Dedicados especialmente a la celebración de la liturgia en el ámbito monástico.

Algunos tipos de oración, especialmente la oración litúrgica comunitaria, nos da un gran testimonio de que la vida humana es una en comunión; comunión con Dios y con nuestros hermanos y hermanas en Dios. Por otra parte, está la oración del ermitaño, solo en el desierto, dando testimonio de la soledad absoluta y esencial de Dios. Esta oración, posiblemente, no se puede expresar por medio de ningún signo, palabra o pensamiento; aún así, se equipara a la oración comunitaria, tiene un lugar esencial en la Iglesia y se realiza en nombre de todos los cristianos, de hecho de toda la familia de Dios que es la humanidad.

Capítulo 9

La oración del Nombre

No hay ningún método o técnica establecidos, todavía menos un atajo, que nos pueda llevar al santuario interior, a la cumbre del Horeb[1], que irresistiblemente arrastra a quien ha escuchado la llamada del Espíritu (1 R 19:8). Sin embargo, hay una práctica cuya efectividad ha sido reconocida durante siglos en las tradiciones espirituales de India y el cristianismo oriental.

En India se denomina *nāmajapa*[2] [pronunciar namayapa], la oración del Nombre. Consiste en la repetición continua del nombre del Señor en una u otra de sus formas tradicionales. Bien su nombre mismo, por ejemplo Rama, Hari, o Krishna; o bien una invocación que contenga el nombre, por ejemplo: *Om namah Shivāya*, Gloria a Shiva.

---

[1] Horeb, o monte Sinaí, es el lugar donde según el Antiguo Testamento Dios entregó a Moisés los diez mandamientos. Se localiza en el sur de la península de Sinaí, actualmente en Egipto.

[2] *Nāmā*, nombre, y *japa*, oración. La raíz verbal *jap*, significa murmurar, susurrar.

Hay personas que recitan un número establecido de mantras cada día[3], y llevan la cuenta de ellos con una especie de rosario con ciento ocho cuentas[4]. Otras prefieren apartarse cada día a una hora fija para repetir el mantra sin parar. Y otras, especialmente quienes han practicado el *nāmajapa* durante bastante tiempo, no se interesan por conocer el número de veces o por limitar el tiempo, sino que se ciñen a andar por la vida con el nombre sagrado en sus labios y en su corazón, y algunas veces incluso lo susurran durante una conversación, e interrumpen la recitación únicamente cuando están obligados a responder. En la medida de lo posible, es el gurú quien da el Nombre concreto y, en ocasiones, el gurú lo propone a petición del discípulo aventajado. A veces el propio gurú escoge un mantra en particular para el discípulo de acuerdo, al menos en teoría, con la aptitud y necesidades de quien está iniciando a la oración.

Entre los cristianos, el equivalente más cercano del *nāmajapa* hindú es la denominada «oración de Jesús», de la tradición cristiana oriental. Aquí también la práctica es una simple repetición del nombre de Jesús o, como alternativa, una larga invocación que contenga el sagrado Nombre. En la actualidad, la invocación más utilizada es. «Señor Jesús, Hijo de Dios, ten piedad de este pecador»[5].

En la oración cristiana del Nombre nos llama inmediatamente la atención el énfasis dado a nuestra condición

---

[3] Mantra, oración o invocación establecida. A los versos de los Vedas se les denomina mantras. La acepción de mantra como un enunciado repetitivo mágico es secundario. Según el hinduismo, los mantras pertenecen al orden universal y su uso ritual, especialmente de los mantras védicos, no vierte automáticamente los resultados que se buscan en su recitación.

[4] Denominado en India «mala».

[5] La mejor introducción a esta forma de oración es una obra clásica rusa del siglo XIX, de autor anónimo, disponible en español bajo dos títulos diferentes: *Relatos de un peregrino ruso*, o *La vía del peregrino*.

pecadora, y la necesidad de perdón. Esta rogativa constante para pedir perdón, que es característica de toda la liturgia de la Iglesia, no apunta de ningún modo a una preocupación malsana del propio estado espiritual, como a veces se mantiene. En realidad, es una manera de expresar la experiencia personal y profunda del amor de Dios, y la constatación de que Dios nos perdona. Dios nos revela plenamente su amor y su poder infinito[6]. En última instancia, orar para pedir perdón nos une con el nivel más profundo del misterio divino.

La oración en el hinduismo es diferente. A veces, el hindú también reza para pedir perdón y para obtener la ayuda divina: *pāhi mām, raksha mām, tvam eva sharanam*, ten piedad, sálvame, sólo tú eres mi refugio. Pero lo más frecuente es que se conforme sólo con alabar y adorar: *OM namah Shivāya,* gloria a Shiva, *OM namah Nārāyanāyā*, gloria a Nārayāna. En esta actitud casi por completo de adoración no se encuentra la actitud orgullosa del fariseo, que no siente necesidad de pedir perdón divino. Más bien, al menos para quienes son verdaderamente espirituales, es el signo de un completo olvido de sí mismos y de la falta de interés por todo lo que les afecta personalmente. Dicho en términos cristianos: la confianza plena de un niño que sabe que su padre cuida de él, y cuyo único deseo personal es continuar mirándole. De hecho, una vez se ha conocido a Dios en verdad ¿cómo se podría en la Presencia del Altísimo dar lugar a cualquier pensamiento sobre uno mismo o sus circunstancias?

[6] Expresado de manera muy hermosa en el antiguo misal romano, en la parte dedicada al décimo domingo tras Pentecostés. También en el *Libro de la oración en común*, el undécimo domingo después de la Trinidad: «Dios, que manifiestas tu poder infinito principalmente con la misericordia y la compasión».

La oración cristiana del Nombre proviene de una tradición muy antigua. Su origen se remonta a los monjes egipcios; san Juan Clímaco también nos habla de ella en su *Escala espiritual*[7]. Después, los monjes del monte Athos la practicaron con perseverancia. Este rezo era el alma del movimiento hesicasta[8], y entre sus figuras más conocidas cabe mencionar a Simeón el Nuevo Teólogo y Gregorio Palamás. En los últimos siglos su influencia se ha extendido ampliamente entre los cristianos ortodoxos, especialmente en Rusia.

La forma de orar ha variado enormemente a lo largo de los siglos, aunque en nuestros días la invocación más común es la citada más arriba. Pero cualquier forma que adopte es, sin duda, el fruto más preciado de la antigua práctica de la oración jaculatoria breve que propugnaban los Padres del Desierto. Algunos de ellos se dedicaron a clamar a Dios el *Miserere* («Ten piedad de mí, Dios»; salmo 51:1). Otros mostraban una devoción especial por el primer verso del salmo 70, que más adelante se utilizó en la apertura del Oficio Divino: «Dios, ven a liberarme; Yahvé, corre en mi ayuda». Para otros la oración continua era el *Trisagion*, en cualquiera de sus versiones: el «Santo, Santo, Santo es el Señor» de la visión de Isaías (6:3); o «Dios es Santo, Santo y Todopoderoso, Santo e Inmortal» de las liturgias orientales. Todas estas oraciones tienen en común lo siguiente: son un acto de oración muy breve, de alabanza a Dios; repetición continua y siempre igual, con el propósito de fijar la mente en el Señor y hacer una ofrenda ininterrumpida de amor y adoración.

* * *

---

[7] «Que el recuerdo de Jesús esté presente en cada respiración, y descubrirás el valor de la vida solitaria».

[8] Sobre el hesicasmo ver capítulo 5, nota 8.

Hay diferentes estadios en la práctica de la oración del Nombre. Quienes están versados en ella, al menos en Rusia y el Mediterráneo oriental, se vinculan con el «lugar» en el que se pronuncia la oración, bien sea en los labios, en la mente o finalmente en el corazón. Por supuesto, ninguno de estos lugares excluye a los demás; sin embargo el «lugar» en que normalmente se expresa la oración se puede referenciar como un signo veraz de la profundidad con que se es consciente de la Presencia divina.

En un primer paso, el principiante situará el Nombre divino en sus labios y lengua, de algún modo como se recibe el cuerpo del Señor en la Sagrada Comunión. Repetirá el Nombre en alto, o al menos lo susurrará de manera audible, sin flaquear. En este punto la mente puede estar completamente distraída y haberse ido por las ramas. El corazón también puede estar repleto de deseos bastante inconsistentes con la oración recitada por los labios. Pero esto no importa demasiado. La repetición del sagrado Nombre dará por sí misma sus frutos cuando llegue el momento. Mientras tanto, lo esencial es pronunciar el Nombre con respeto y verdadero anhelo de la gracia de Dios.

En la siguiente fase los labios permanecen cerrados. La oración se realiza en la mente, o en la cabeza; apenas es perceptible el movimiento de las cuerdas vocales y músculos asociados con el habla, un susurro de la imaginación que sólo se puede apreciar internamente. La oración deviene en atención fija de la mente al Nombre, que repite sin parar. Esto no significa que debiéramos reflexionar o meditar sobre el significado del Nombre. Los movimientos de la mente tendrían que aquietarse, de la misma manera que los de los músculos de la garganta; que sean como las ondas suaves en la superficie de un remanso de agua, al recibir la caricia de una leve brisa. La mente está concentrada, pero sin llegar a tensa; calmada sin esfuerzo alguno. Como ayuda, especialmente al principio, se fomenta al principiante (en el contexto indio) a fijar su imaginación en el texto del mantra, en alguna forma simbólica, e incluso en un solo punto.

La fase más elevada llega cuando la oración o, mejor dicho, el Nombre se sitúa en el corazón. Ya no hay más movimiento de labios y cuerdas vocales, y puede ocurrir también con el pensamiento. La oración está ahora anclada en el mismo centro de nuestro ser y desde allí su luz y su gloria irradia a todas partes. Esta es en verdad la experiencia del Espíritu Santo, a la que se refieren a menudo los santos de Rusia. Esta gloria, la misma luz de la Transfiguración, a veces se manifiesta en el cuerpo físico, como en la famosa visión de san Serafín de Sarov.

El Nombre ha llegado a su verdadero lugar; el signo ha vuelto a la Realidad de la que procede. Ahora no sólo la mente ha alcanzado la paz completa y recuperado su auténtico silencio, sino que incluso los deseos del corazón se han transformado. Con la realización se llega a la unidad. El alma desea enteramente a Dios mismo, el deseo de contemplar su gloria y compartir su gozo. Como ayuda para colocar el Nombre en el corazón, los santos que han practicado esta oración recomiendan que se pronuncie (de manera inaudible) acompasada con el ritmo de la respiración o el latido del corazón. De esta manera, todo el ser se alinea y conecta con esta oración: cuerpo y alma, mente y sentidos, y de hecho -por medio del cuerpo— el universo entero con el que cada uno de nosotros en su propio cuerpo somos uno.

Sólo utilizando el lenguaje de imágenes podemos intentar transmitir algo de la profundidad y fuerza de esta oración. Los conceptos abstractos son de poca ayuda para explicarla. El punto fundamental en que todo se basa es claramente que no podemos estar satisfechos con vivir en la superficialidad de nuestro ser, simplemente al nivel de los sentidos y la mente, y menos todavía con la oración a este nivel superficial, en la esperanza de encontrar a Dios allí.

El único lugar posible donde verdaderamente podemos encontrar a Dios es en el mismo centro de nuestro ser, la fuente de la que provenimos, el punto en el que procedemos de Dios en el nacimiento eterno de la divina Palabra. Esto se simboliza de manera física con la figura del corazón, el centro del cuerpo y el órgano que bombea la sangre para dar vida a todo el cuerpo. Incluso cuando centramos nuestra atención al corazón físico, quiere decir simbólicamente que dirigimos todas nuestras actividades al centro de nuestro ser. Este centro es un punto casi imposible de localizar o representar. Pero es el lugar desde el que el Espíritu emite, por decirlo así, desde las manos de Dios y despierta a sí mismo, a Dios y al mundo.

Desde los comienzos del pensamiento en temas espirituales también se ha prestado mucha atención en India al misterio del corazón, la cueva interior, el *guhā* como se le denomina en los Upanishads[9]. Este *guhā* es esencialmente

---

[9] Ver capítulo 7, nota 2.

Lo difícil de percibir y envuelto en misterio,
situado en la cueva y oculto en la profundidad, primordial...
más pequeño que lo pequeño, más grande que lo grande
oculto en el corazón de la criatura, aquí,
es el Ser
el Ser interior de todas las cosas, el único que todo controla...
(Katha Upanishad, 2.12,20; 5.12)

El *Purusha* es todo aquello
—trabajo, fervor ascético, Brahman, inmortalidad;
quien conoce Eso, oculto en la cueva secreta,

un lugar secreto fuera del alcance de los sentidos o el pensamiento. Es la morada de Brahman[10], el mismo lugar del Ātman, nuestro Yo más profundo y verdadero. De allí proviene el impulso primordial que es la fuente de todas las cosas, en el macrocosmos del universo y en el microcosmos de cada persona. Allí reside la Vida, de la que todo viene, en la manifestación humana y en el universo entero. Allí está el Fuego, el Agni que se contempla en los Vedas, cuyo calor se propaga por todas partes y prende a todas las cosas. Allí brilla la Luz esencial y su brillo ilumina todo lo que se ve[11].

La tradición india da información más precisa incluso sobre los «lugares» donde los mantras se pueden o deben recitar. Hay todo un supuesto tántrico sobre los *chakras*, o centros nerviosos, de los que ya se ha hablado en este libro. A través de ellos *shakti*, o la fuerza cósmica, se supone que asciende y así toma posesión en diferentes áreas del cuerpo y la psique. Hay tres *chakras* conectados con los órganos inferiores y le sigue el cuarto, el del corazón. El sexto *chakra* está situado en el entrecejo, en el principio de la nariz, y a menudo se aconseja concentrarse en él durante la meditación o recitación de mantras. Allí también se localiza el «tercer ojo» de Shiva, su ojo espiritual que mira para aden-

---

ha desatado el nudo de la ignorancia...
Vasto, celestial, de una forma impensable,
y más mínimo que lo mínimo, brilla,
más lejano que lo lejano, pero aquí al lado,
situado en el lugar secreto (del corazón)

Mundaka Upanishad,2.1.10;3.1.7)

[10] Brahman: el Absoluto, el Ser Supremo

[11] Ni el Sol ni la Luna o las estrellas brillan allí,
ni los rayos ni el fuego encuentran lugar allí.
Con el resplandor de esa Luz sola todas las cosas brillan.
Ese resplandor ilumina todo este mundo.

(Mundaka Upanishad, 2.2.10)

tro y ve todo con verdad perfecta, en la luz que sólo alumbra en el interior —la luz de la *guhā* que se acaba de mencionar. Hay también un último *chakra*, de alguna manera el séptimo, aunque estrictamente hablando no se debería incluir con los demás, del mismo modo que el don de la sabiduría en relación a los demás dones del Espíritu. Es el loto de los miles de pétalos, situado en la misma cima del cráneo, exactamente en el mismo lugar que la fontanela, la apertura por la que el *purusha* entra en el cuerpo y lo hace persona[12]. Según el tantra es el lugar del encuentro final del *shakti* con Shiva, el lugar donde ocurre la última unificación; dicho de otro modo, el lugar donde se recobra la unidad original[13]. Aquí tenemos un simbolismo paralelo al del *guhā* pero que pone mayor énfasis en el carácter progresivo de la labor de la gracia y en la distancia inicial entre el Amante y el Amado —un imaginario que es tan común en la tradición india como en la Biblia y demás literatura cristiana. Sólo la enseñanza del gurú y la propia experiencia práctica puede dejar clara la riqueza de la verdad espiritual que está oculta tras esta imaginería, y tiene sentido mencionarla aquí al menos.

* * *

Los frutos de la oración del Nombre, aunque interrelacionados, difieren según las etapas en esta oración y los «luga-

---

[12] Ver Aitareya Upanishad, 3.12.

[13] Comparar este verso, escrito originalmente en lengua tamil
En el templo de Chidambaram
Shiva baila a su Amado con gozo,
que le contempla;
pero en la colina de Arunāchala
permanece inmóvil, firmemente asentado en el Ser
mientras su Amado está perdido en el Ser.

res» en que se realiza. Pero en cada etapa su valor es inmenso. Desde el mismo comienzo de su práctica, esta oración es de grandísima ayuda al principiante para superar la inestabilidad y así fijar su atención errante. Cuando se hace con fe y perseverancia se puede llegar hasta la misma oración de pura contemplación.

La repetición del nombre de Dios, realizada con fe y sinceridad, es una ayuda excelente para afianzar la atención y profundizar la mente. Nuestras mentes son volubles e inconstantes; están continuamente arrastrándose por mil direcciones diferentes, allá donde la convocan los sentidos externos o la imaginación, que incluso es más traicionera. Nadie puede llevar una vida contemplativa sin primero hacer serios esfuerzos para dominar su debilidad y tendencia a la distracción; este es el propósito de toda práctica ascética. Una manera de proseguir en esta pugna es establecer pensamientos contra pensamientos, imágenes «espirituales» contra imágenes «mundanas» —como se ha tratado más arriba en relación a la meditación. Pero cuando hacemos eso, inevitablemente permanecemos al nivel de la mente: nos ceñimos a un campo donde el enemigo es más fuerte que nosotros, donde le es demasiado fácil girar hacia su oponente las flechas que iban dirigidas a él. Corremos el riesgo de quedarnos en el mismo sitio indefinidamente, y así nunca poder liberarnos para el despegue.

La oración del Nombre procura a la mente el mínimo de actividad necesaria para eludir el riesgo de una reacción violenta. La mantiene lo suficientemente ocupada en su propio nivel, para que no pueda buscar distracción en otras direcciones; al mismo tiempo no la mantiene demasiado ocupada —como ocurre en la meditación— para que se impida la búsqueda interior. Con la repetición continua del Nombre, la mente se acostumbra a fijar su atención en un solo sentido. De manera automática las distracciones disminuyen y pronto desparecen casi por completo. Pero en todo caso serán como esas nubecillas que atraviesan el cielo casi inadvertidamente para quien observa el Sol, sueños inconsistentes que no dejan marca sobre la atención subyacente.

Una vez la mente queda aquietada y estabilizada, entonces por sí misma y sin ningún esfuerzo especial se encamina hacia su propio centro. La enunciación de un mantra probablemente transmite a la mente cada vez menos de su significado literal. Esto no importa. Dejando atrás su literalidad, el espíritu entra en el proceso de aprendizaje del significado profundo y esencial del mantra. Partiendo del siempre limitado aspecto del misterio divino que busca expresar cualquier denominación en particular de Dios (incluso la misma palabra «Dios»), avanzar hasta encontrar la realidad infinita del misterio en sí mismo, más allá de todas las formas y nombres. Al final, la mente es llevada por el Espíritu de Dios hacia una especie de sueño despierto, en el que todo recuerdo y todos los pensamientos concretos desaparecen. Entonces, al fin, la oración se hace en espíritu y verdad —la oración que el monje santo Antonio el Grande solía rezar: «La única oración verdadera es aquella en la que no somos conscientes de que estamos rezando»[14].

La oración del nombre es, indudablemente, una de las mejores vías que nos pueden ayudar a comenzar a orar y pasar las horas de manera fructífera, dedicadas al rezo

---

[14] Comparar con estos aforismos de Evagrio Póntico:

> No es porque hayas llegado a la indiferencia que rezas en verdad, porque uno puede permanecer entre pensamientos, por simples que sean, ocupado en ellos y, por tanto, lejos de Dios (55)
>
> No te representes a Dios dentro de ti en la oración, no dejes que tu intelecto quede deslumbrado por cualquier forma; sin forma dirígete a Él, que no tiene forma (66)
>
> Cuando en tu oración hayas traspasado a un más allá de toda dicha, en verdad habrás encontrado la oración (153)

mental. Por encima de todo, es el medio más seguro de mantenernos constantemente en la Presencia de Dios y de este modo en la oración continua. De hecho, es algo tan sencillo como rezar ininterrumpidamente. Mantener esta oración en nuestros labios, en nuestra mente, y en nuestro corazón debiera ser como un segundo estado para nosotros, al menos cuando estamos ocupados en una labor que no requiera una concentración. Hay muchos momentos a lo largo del día en los que no reviste importancia si pensamos en una cosa u otra; momentos en que paseamos o viajamos, antes de ir a dormir o justo al despertarnos, cuando nos aseamos o durante ciertas ocupaciones manuales como la costura, cocinar, cuidar del jardín, etc. En estos momentos de nuestra vida en que nuestras mentes no tienen que prestar especial atención, podríamos fácilmente orar de manera consciente. Esto también nos protegería de pensamientos que nos distraen, que constantemente esperan para colarse en nuestras mentes y encontrar allí un punto de apoyo, que nos alteran mucho durante el rezo. Del mismo modo, deberíamos acallar muchos deseos inútiles y peligrosos tan pronto como surjan en la mente. Apenas tenemos constancia de su presencia, deberíamos confrontarlos con el recuerdo del Nombre sagrado e inmediatamente lanzarlos contra la Roca, que es Cristo, como san Benito explica al referirse al salmo 137 (*Regla de san Benito*, cap.7)

Por supuesto, la práctica continua de la oración de Nombre nunca debe distraer nuestras mentes de prestar la debida atención a nuestros variados deberes y responsabilidades. Obviamente, la repetición del nombre de Dios no puede hacerse en esos momentos, al menos no con los labios o la mente. Pero es precisamente aquí cuando la oración realizada desde el corazón revela sus secretos más maravillosos. En este nivel puede continuar indefinidamente, incluso cuando la mente está ocupada o muy soñolienta, «Yo dormía, pero mi corazón velaba», dice la novia en el Cantar de los cantares de Salomón (Ct 5:2). Incluso cuando la mente no está prestando atención, la oración del corazón es capaz de permanecer en una especie de sustrato o trasfondo a todo lo demás. Es algo así como el lecho rocoso de un río, sobre el que el agua fluye incesantemente mientras que él nunca cambia. Para algunas personas, el flujo continuo de un mantra es tan intenso que realmente lo escuchan tras todas sus actividades mentales.

* * *

Desde la perspectiva de la psicología, el valor y la eficacia de la oración del Nombre son incuestionables. Pero no apreciaríamos su verdadero valor si la estimáramos principalmente por su utilidad práctica. Si sólo fuera por esto, entonces sería difícil comprender los elogios que le han dedicado los santos, o incluso los frutos, que se acaban de describir. El Nombre es un icono. Los iconos son signos, y como todos los signos de algún modo comparten la realidad de aquello que significan. De forma natural, un icono y cualquier signo puede convertirse en un ídolo si nos limitamos a él. Sin embargo es una gran ayuda que nos ha dado Dios para remediar la debilidad y volubilidad natural de nuestras mentes.

El Nombre de Dios es el mayor de todos los iconos mentales, como el de Yahvé en el Antiguo testamento y el de Jesús en el Nuevo. Los nombres divinos que han sido reconocidos en la tradición india surgieron primero en los corazones de los sabios y buscadores, brotaron de su experiencia personal en el Espíritu. Cuando emplearon esos nombres comunicaban algo de su visión interior. Llamaron a Dios con distintos nombres: Shiva, el Benévolo; Rāma, el Amoroso;

Murugan (de la tradición tamil), el Dios Hermoso. Cargaron esas sílabas con toda la fuerza espiritual de su amor y adoración. Tras estos, otros repitieron los mismos nombres, y cada uno por su lado los enriquecía para sus discípulos en el sacramento de la iniciación, *dīkshā*. Generaciones sucesivas se inspiraron en su poder espiritual y a cambio hicieron a estos signos incluso más expresivos del misterio divino.

Para un creyente, la recitación del Nombre contiene la plenitud del misterio divino en una forma concentrada, de alguna manera al igual que una perla o un diamante son insignificantes en peso y tamaño pero su valor equivale a grandes cantidades de oro o cualquier otro metal precioso. Para quien ha saboreado internamente la oración del santo Nombre, la simple repetición de este Nombre le dice más acerca de Dios que todo lo que expresan racionalmente los teólogos en sus pesados volúmenes. Lo que el Nombre transmite no se presenta en una forma rebajada. Sacia nuestra sed de Dios con agua que mana del mismo origen de la fuente.

Por este motivo la práctica del *nāmajapa* es tan efectiva. De todos los mantras y oraciones, la invocación del santo Nombre de Dios es el más elevado e intenso. En el plano psicológico concentra y profundiza la mente. En el verdadero plano espiritual, en virtud del poder divino que contiene, dirige al alma al mismo centro de sí misma y de todas las cosas, a la Fuente, al Padre[15]. En términos bíblicos podemos decir que el poder del Nombre es en verdad la energía del Espíritu Santo operando en nosotros. Sólo en el Espíritu podemos pronunciar el nombre de Jesús.

---

[15] Los Padres de la Iglesia contemplaron a menudo al Padre como el Origen, el «Origen de la Divinidad», «Origen de todo lo que es». Comparar con el dicho de Srī Ramana Maharshi: «Para desaparecer en el Origen, que es el verdadero (propósito, esencia de la) acción y devoción (*karma* y *bhakti*) de unión y sabiduría (*yoga* y *jnāna*)» (*Upadesha Sāram*, 10)

Capítulo 10

¡OM! ¡Abba!

El mantra supremo en la tradición hindú es OM, el *pranava*. No pretende expresar un nombre en particular de Dios; en cambio, representa la naturaleza inefable e inescrutable del abismo del Ser divino. No tiene un significado especial, como ocurre en los nombres de Rama o Shiva que se han mencionado anteriormente. No se refiere a ningún acontecimiento histórico o mítico. Es algo así como una exclamación apenas expresada, que se pronuncia cuando alguien se encuentra personalmente confrontado con el misterio infinito de Dios. OM es, por así decirlo, el sonido más simple que se puede emitir desde los labios humanos; comienza con A, el sonido primordial en todas las lenguas, profundiza en el O, y se extiende en una resonancia nasal, representada por la M.

La explicación más frecuente del *pranava* es que está compuesto por tres elementos: A y U, unidas por la O y después la M, tres vocales de un solo sonido. Esto simboliza, según dicen, todas las tríadas existentes o imaginables en el universo, por ejemplo: el pasado, el presente y el futuro, y también (según el Māndūkya Upanishad) todo lo que está más allá de los tres tiempos, pues Dios llena todas las cosas y aún así siempre es más allá de todo. También se afirma a veces que OM se compone de cuatro partes, en lugar de tres, siendo la última el silencio en el que el OM desaparece finalmente. El OM que pronuncian los labios humanos y que también pueden escuchar los oídos humanos proviene del OM que no se puede percibir o pronunciar, y se retira a este último por un impulso natural.

> Todos los Vedas anuncian esta Palabra,
> buscada en ayunos y austeridades por muchos hombres...
> esa Palabra, en síntesis, te la diré: es ¡OM!
> Es el Brahman imperecedero;
> es el Más Allá, en verdad imperecedero.
>
> (Katha Upanishad, 2.15-16)

> El arco es el OM, la flecha es el Ser,
> Brahman es el objetivo.
> Una mente concentrada tiene que ser atravesada
> Hasta que se llega a ser «Eso».
>
> (Mundaka Upanishad, 2.2.4)

> Inamovible en OM, el sabio alcanza «Eso»,
> sereno, atemporal, inmortal, supremo.
>
> (Prashna Upanishad, 5.7)

> OM es el Brahman que se pronuncia;
> ascendiendo por él se alcanza aquello que no se pronuncia...
> Como una araña que trepa por su hilo hasta el espacio abierto,
> así, por medio del OM, el sabio llega a la libertad...
> atraviesa con el OM como balsa
> a la otra orilla del espacio del corazón,
> en el espacio interior...
> al salón de Brahman.
>
> (Maitrī Upanishad 6.22,28)

OM es la palabra primordial expresada por Dios al crear. OM es *vāch*, la Palabra eterna. OM es el principio de la automanifestación de Dios. OM está en el origen del universo. OM está también en ese centro del alma que surge de la conciencia de ser uno mismo. Todos los sonidos posibles que nuestros labios podrían pronunciar, todas las palabras que derivan de ellos en las lenguas humanas, están contenidas en este OM primordial; se le denomina el *shabdabrahman*, Brahman en forma de sonido. De él las palabras reciben la fuerza para transmitir significado. OM es el primer sonido que escucha la persona cuando Dios emerge de su silencio eterno y comienza a dirigirse a ella. OM es también el último sonido que la persona puede pronunciar cuando, en respuesta a la llamada del Espíritu, permite ser llevado al silencio de Dios. La Biblia nos enseña que todas las cosas provienen de la palabra de Dios —esa Palabra que «Todo se hizo por ella, y sin ella nada se hizo» (Jn 1:3). «Él lo ordenó y (los cielos) fueron creados» (Sal 148:5). Dios dijo: «Haya la luz, y hubo luz» (Gn 1:3)

> El Rig (Veda) es Discurso,
> el Sāma (Veda) es Aliento...
> es una pareja,
> a saber: Discurso y Aliento
> se convierten en uno en OM.
>
> (Chāndogya Upanishad, 1.1.15,6)

Incluso los cristianos, en el curso de su descubrimiento de los tesoros de la herencia espiritual de India, se han aventurado en especulaciones sobre el OM. Podrían reconocer en el OM la «Palabra que eternamente procede del silencio del Padre», en la llamativa frase de san Ignacio de Antioquía (*Carta a los magnesios*, 8). En esta misma Palabra

—hecha carne, mente y palabra en Jesús— toda nuestra oración y culto asciende al Todopoderoso. Pero incluso en la interpretación cristiana del OM siempre va en primer lugar el símbolo de la inefabilidad de Dios, es el último paso en nuestra ascensión hacia Él en que se es capaz de manifestar una expresión.

> Es el último apoyo, es el apoyo más elevado;
> quien lo conoce, alcanza a Brahman.
>
> Katha Upanishad, 2.17)

OM representa a Dios no manifestado, aquello en Dios que es completamente más allá de toda manifestación, más allá de todo signo y de todo lo que se pueda expresar, incluso por las lenguas de los ángeles podríamos decir; es esa meta hacia la que nuestros espíritus acuden magnetizados irresistiblemente, cuando hemos sentido su misterio en el profundo centro de nuestro ser.

El mantra OM nos ha llegado desde los primeros tiempos védicos. Acompañaba —estrictamente hablando debía siempre acompañar— la recitación y el canto de los textos sagrados. Cuando lo hacía el sacerdote que presidía la ceremonia garantizaba la eficacia del sacrificio; incluso corregía los errores que los demás sacerdotes pudieran haber cometido en el cumplimiento del ritual o en el canto de los mantras.

En India todavía es el manta más apreciado entre las personas espirituales. En primer lugar, a menudo forma parte de su *nāmajapa*. «Hari OM», «OM namah Shivāya». Entonces, cuando la llamada a una vida más elevada se escucha en lo más profundo de su corazón, abandonan todas las oraciones, todos los ritos, todas las prácticas devocionales, y a veces incluso la meditación sobre las escrituras;

pero continuarán repitiendo indefinidamente el sagrado OM, cuando pasean o permanecen quietos, contemplando el mundo natural o concentrando sus mentes en su interior, atendiendo a las necesidades de su cuerpo o respondiendo a los saludos de quienes pasan a su lado. Y cuando les llega la hora de partir de este mundo, sus labios moribundos todavía pronuncian el OM antes de pasar al silencio del Presente eterno de Dios.

Sin embargo, OM no es un mantra como los demás, que el devoto repite un número de veces contando, por ejemplo, con las cuentas de un rosario. OM es único. Más aún, si consideramos OM como algo múltiple es sólo de la misma manera que el Ser es múltiple en el nivel de la manifestación. Al profundizar nuestra experiencia, OM asoma como reflejo de la epifanía, la manifestación de ser en el mundo del llegar a ser, como eco de los latidos del universo que están acompasados por el tiempo. OM es el despertar de lo individual al misterio de su propio corazón, a ese misterio que está oculto en todo movimiento del mundo natural, revelando a cada minuto en las coordenadas espacio-temporales su origen y fin divinos. OM es la palabra que estando en el mismo límite del significado aporta la verdad plena a todas las cosas. OM, para quien está despierto en Dios, expresa la plenitud de su comunión con el universo, y también la comunión de cada persona con todas las demás personas que piensan, desean y aman. OM llama a cada ser a alcanzar su plenitud, y a descubrirla en la acción más sencilla y en el momento más efímero, armonizándose con el ritmo del cuerpo y el alma, con el latido del corazón, con la respiración y el pensamiento; y de este modo con el ritmo del cosmos, con las mínimas vibraciones de las estrellas.

El OM que nuestros *rishis* escucharon retumbando en sus almas,
cuando descendieron a las profundidades de su ser,
más profundamente que sus pensamientos, más profundamente que todos sus deseos,
en la soledad definitiva del Ser mismo.
El OM que se escucha en el sonido de las hojas de los árboles agitadas por el viento.
El OM que aúlla en la tormenta y suspira en la brisa suave.
El OM que ruge en el torrente caudaloso
y murmura suavemente en el río en su curso sosegado hacia la mar.
El OM de las esferas celestiales en su viaje a través del espacio, y
el OM que palpita en el núcleo del átomo.
El OM que se escucha en el canto de los pájaros
y en la llamada de las bestias en el bosque.
El OM de nuestra risa humana, y también de nuestros sollozos.
El OM que vibra en nuestros pensamientos y en todos nuestros deseos.
El OM en nuestro lenguaje de guerra, de amor e incluso de negocios.
El OM en el transcurso del tiempo y de la historia.
Este OM repentinamente sonó
en un rincón del espacio y en un momento preciso,
en su plenitud total,
cuando nació el Hijo del Hombre del vientre de María,
Jesús, la Palabra, el Hijo de Dios.

(*L'autre rive* IV)[1]

---

[1] Poema publicado en el libro *L'autre rive* [La otra orilla] y parcialmente en el diario de Abhishiktānanda: *Ascent to the depth of the heart: the spiritual diary*

Sin embargo, el uso del OM, el *pranava*, no se debería aconsejar indiscriminadamente a todos los cristianos, o a personas de cualquier otra tradición. Este mantra es demasiado valioso y demasiado profundo y se puede recurrir a él cuando, al menos, se haya comenzado a entrar en la experiencia interior que le corresponde. De otro modo se reduciría a un sonido sin significado alguno, sin beneficiar a quien lo pronuncia. Pero si un cristiano se ha iniciado en la tradición india, y ha permitido que el Espíritu le guíe hacia el interior de su propio corazón, entonces tiene tanta competencia como su hermano hindú para musitar el OM, el símbolo por excelencia de la profundidad abismal de Dios y del Ser. Una vez el cristiano ha pronunciado el OM en el centro de su corazón resultará seguramente, como para su hermano hindú, un misterio de puro silencio.

* * *

Entre los mantras cristianos tradicionales quizás es más difícil dirimir cuál es el culmen, y por tanto el más aconsejable. Aquí de nuevo hay que respetar las llamadas individuales y también las necesidades del alma, que varían constantemente según se va acostumbrando a la luz de Dios. El mejor mantra será siempre aquel que concuerda con la inclinación espiritual del alma en ese momento o, quizás mejor, con el que una guía sabia discierna como necesario para preparar la entrada en el próximo estadio de la ascensión espiritual.

Sin embargo, mucha gente afirma que el santo nombre de Jesús es uno de los mantras más sagrados, y es precisa-

---

(1948-1973). Delhi (ISPCK), 1998, pp 189-90, entrada del 1 de diciembre de 1956.

mente esta convicción la que ha extendido la práctica de la oración de Jesús. Para el mismo Jesús y para toda la humanidad, el destino primordial era el retorno al Padre.

> Si me amarais,
> os alegraríais de que me vaya al Padre,
> porque el Padre es más grande que yo.
>
> (Jn 14:28)

El mismo nombre de Jesús revela al Padre. Jesús, Yeshúa, es decir: Yahvé salva. El nombre de Jesús resume perfectamente todo lo que Dios ha revelado sobre sí mismo a la humanidad, por encima de todo su «misericordia y verdad», su salvación -el asunto anunciado por los profetas y proclamado en el Evangelio. Aunque la adoración al misterio de Dios en su manifestación pueda ser muy valiosa, el Espíritu recuerda incesantemente — y por cualquier medio— a quienes están despiertos interiormente que Dios en sí mismo es más, infinitamente más... La misma revelación de su obra salvífica nos permite contemplar en su Ser abismos de amor que sobrepasan ampliamente incluso lo que ya está manifestado en nuestra salvación.

En sus cartas a las distintas iglesias, el apóstol Pablo recuerda en dos ocasiones que el Espíritu susurra constantemente en el corazón del cristiano la sagrada invocación ¡Abba! ¡Padre! (Rm 8:15; Ga 4:6). Abba -es decir, Padre en la lengua materna de Jesús— fue sin duda la oración constante del mismo Jesús. Si no ¿por qué el Espíritu la susurra en nosotros? Sólo tenemos que ojear los Evangelios para convencernos de que el recuerdo al Padre fue constante en el corazón y la mente de Jesús, así como su nombre estaba siempre en sus labios. Si rezaba solo en el retiro de la noche, o predicaba entre las multitudes, Jesús siempre recurría al nombre de Dios, su Padre. Abba fue su última oración en el huerto de Getsemaní, y su último aliento en la cruz (Mc 14:36; Lc 23:46)

Todo esto constituye una invitación a los cristianos para hacer de esta invocación: ¡Abba, Padre! el centro de su vida de oración, su mantra más preciado, a tenerlo siempre en sus labios, en sus mentes y, sobre todo, en sus corazones. De esta manera, no sólo seguirán el ejemplo de la vida de Jesús en su comportamiento externo, sino que compartirán aquello que era más profundo en Él, y central en su vida en relación al Padre y a toda la humanidad.

Al repetir ¡Abba, Padre!, con Él y después de Él, se entra en los misterios más profundos de la vida interior de Jesús —sobre todo en el misterio de su experiencia de ser uno con el Padre y al mismo tiempo su hijo amado, de estar eternamente cara a cara con el Padre. Poco a poco el corazón se transforma en el corazón de Jesús. Con Jesús y en Jesús se ofrece al Padre el tributo de la oración y devoción.

Más que ninguna otra oración, ¡Abba, Padre! hace posible al cristiano participar en la vida interior del Padre y el Hijo, en su contemplación mutua incesante en la unidad del Espíritu. ¡Abba, Padre! será la letanía constante a «Tú eres mi hijo amado» (Mt 3:17), con que el Padre se dirige a los cristianos.

Igualmente será la verdadera respuesta a la llamada que mana en el corazón de los cristianos, hecha por Dios y *para* Dios, que nunca conocerán la paz hasta que finalmente hayan pasado a la gloria de Dios. También será su respuesta a la llamada que les llega desde toda la creación, a través de cada ser, a través de todo acontecimiento en la historia, y a través de cada encuentro con otros humanos. Porque en y a través de todas las cosas, siempre es Dios, el Padre todopoderoso, quien viene a ellos y busca su amor.

¡Abba, Padre!, es la palabra sagrada que abre las puertas de la eternidad, la puerta del santuario más recóndito, la cueva secreta del corazón, y guía al hijo de Dios hasta el misterio definitivo de Dios, oculto en las profundidades de su propio Ser.

Glosario

Para el lector no familiarizado presentamos una lista de términos del sánscrito. Transliterados al alfabeto latino y presentados en orden alfabético

advaita: lit. no dos; no dualidad o unicidad absoluta; estado sólo asignable a Dios o el Absoluto; no es accesible al entendimiento pues el pensamiento ligado al yo, propio del estado de vigilia, no puede escapar a la dualidad de la relación sujeto-objeto

Agni: el dios del fuego, uno de los dioses védicos más antiguos e importantes

ājnā-chakra: el sexto de los siete chacras, situado en el entrecejo; se le considera el centro de la visión y de las ideas; a veces se le denomina el tercer ojo [*ājñā-cakra*]

anāhata-chakra: el cuarto de los siete chacras, situado en la zona del corazón; se le considera el centro de la emoción y del sonido [*anāhata-cakra*]

ānanda: alegría, bendición; bendición absoluta

Arunāchala: lit.monte de luz; nombre sánscrito de la montaña sagrada en Tiruvannāmalai (Tamil Nādu, India); nombre compuesto por *aruna* (el color brillante del sol al amanecer) y *achala* (inmóvil, por tanto montaña); Ramana Maharshi meditó muchos años en sus cavernas antes de fundar un āshram en sus proximidades

Āsana: postura o modo; tercera de las ocho disciplinas del asthānga yoga de Patányali

āshram: lit. lugar de esfuerzo; morada de sabios, ascetas y buscadores espirituales, propicio para el *sadhāna*; también los estadios de la vida, que son cuatro (*brahmacarya,* la etapa de estudiante; *gṛhastha,* como cabeza de familia; *vānaprastha* la vida en el bosque; *saṁnyāsa,* la vida de renunciante)

Ātman: el Yo real; la Realidad divina más íntima y recóndita del ser humano, idéntica con lo Absoluto (Brahman)

bhakti: devoción amorosa a Dios

bramacharya: lit. morar en Brahman; el primero de los cuatro estadios (*āshrama*), la etapa de estudiante; celibato, castidad en palabras, pensamientos y actos [*brahmacarya*]

Brahman: la Realidad Última; el Principio Supremo presente en todas las cosas; lo Absoluto; lo Divino (no confundirlo con el Dios Brahma). Es inaccesible al pensamiento conceptual; concebido de forma concreta corresponde a Isvara

chackra: centros sutiles del plano energético del ser humano, que juntan, transforman y distribuyen la energía que confluye; son puntos de confluencia y compenetración entre lo psíquico y lo corpóreol [*cakra*]

Chidambaram: una de las moradas del dios Shiva (como Señor de la danza) en Tamil Nādu (India) [*Cidaṁbaram*]

Cit: consciencia, atención; Conciencia absoluta; uno de los tres atributos esenciales que designan no las características de Brahman sino su naturaleza esencial; las otras son el ser, *sat*, y *ananda* [*cit*]

darshan: vista; visión; contemplar a una persona santa, a un *mūrti* sagrado o un lugar sagrado [*darśana*] para obtener bendiciones por la visión del mismo; también significa doctrina, sistema

dhāranā: concentración mental; sexta de las ocho disciplinas del ashtānga yoga de Patányali

dhyāna: meditación, contemplación interior; séptima de las ocho disciplinas del ashtānga yoga de Patányali

dīkshā: iniciación de un aspirante a la vida espiritual por parte de un gurú [*dīkṣā*]

ekāgratā: dirección de la atención a un único punto, sin interrupción

evamvid: bien instruido [*evaṁvid*]

grihastha-āshrama: segunda de las etapas de la vida, refiriéndose al hombre casado, con los deberes de mantener la casa, cuidar de la familia, educar a los hijos y llevar una vida social acorde al propio *dharma* [*gṛhastha-āśrama*]

guhā: cueva; el santuario del corazón

guru: maestro espiritual

Hari: un nombre de Dios en la forma de Vishnu y Krishna; en el hinduismo es una denominación muy frecuente de Dios

Hari OM: uno de los mantras más conocidos; Hari representa el universo manifestado y OM representa lo no manifestado y la Realidad absoluta [*Hari Oṁ*]

Hatha yoga: yoga basado principalmente en *āsanas y prānāyāma;* en occidente cuando se habla de yoga se trata casi exclusivamente de este tipo; no ha de confundirse con el yoga tradicional que procura la liberación y la unión con Dios

japa [pronunciar *yapa*]: repetición; recitación verbal o mental del nombre divino, o de un mantra

jnāna: conocimiento; conocimiento de lo Absoluto [*jñāna*]

jnānī: lit. el que conoce; quien ha alcanzado el Ser; un sabio [*jñānī*]

karma: acción o fruto de la acción

Krishna: deidad hindú, normalmente venerada como una encarnación del dios Vishnu [Kṛṣṇa]

mantra: himno védico; una fórmula fijada de oración; palabra o frase sagrada de relevancia espiritual

mārga: camino; vía; camino espiritual hacia la unión con lo divino

muni: asceta que vive solo y observa silencio; persona santa; sabio

Murugan: hijo del dios Shiva; deidad hindú muy popular en el sur de India, especialmente en la región de Tamil Nādu

nāma: nombre
nāmajapa [pronunciar *namayapa*]: repetición constante del nombre de un dios, al modo de un mantra
Nārāyana: dios védico, venerado como el Ser Supremo en la corriente vishnuita; también se le conoce como Vishnu o Hari [*Nārāyaṇa*]
netti, netti: lit. «esto no, esto no», o «ni esto ni aquello»; el método védico de análisis de la negación; el *jñānī* trasciende todas las realidades mundanas, por medio de su negación, hasta que sólo queda el Ser
niyama: la segunda disciplina del asthānga yoga de Patányali, relativa a la purificación mental interior, el contentamiento, la actitud rigurosa hacia sí mismo, el estudio de las escrituras y la entrega devocional
OM: el sonido más sagrado; sílaba o palabra en los Vedas que nombra y representa a Brahman o el Absoluto [Oṁ]
OM namah Nārāyanāya: lit. OM, adoración a Nārāyana; mantra al dios Nārāyana [Oṁ *namah Nārāyaṇāya*]
OM namah Shivāya: lit OM, adoración a Shiva; mantra al dios Shiva [Oṁ namah *Śivāya]*
prāna: aire vital, aliento vital (en latín, *spiritus*; en griego *pneuma*) [*prāṇa*]; la energía cósmica en cuanto compenetra el cuerpo y lo sustenta en vida, y se manifiesta con mayor evidencia en el proceso respiratorio
pranava: la sílaba sagrada OM [*praṇava*]
prānāyāma: control y retención de la respiración *[prāṇāyāma]*
pratyāhāra: retirada de los sentidos; quinta de las ocho disciplinas del asthānga yoga de Patányali
Purusha: lit. hombre, varón; designación de la Persona primordial, suprema y eterna, identificada con el *Ātman* en el advaita vedanta; el alma individual; la Persona cósmica (Dios) [*Puruṣa*]
Pūshan: deidad solar védica [Pūṣan]
Rāja [raya] **yoga**: lit. yoga regio; una de las cuatro principales vías del yoga, o de la unión con lo divino, según el sistema

expuesto en los Yoga sūtra de Patányali, aunque esta denominación le fue dada mucho después de la época del autor

Rāma: el séptimo avatār del dios hindú Vishnu, y rey de Ayodhyā; Rama es también el héroe de la epopeya *Rāmayāna*

Rig Veda: el más antiguo de los cuatro libros (*samhitā*) que componen el Veda, y el más antiguo documento de la literatura india, cuya datación oscila entre los siglos XII y VIII a.C [*ṛgveda*]

rishi: visionario; sabio védico [*ṛṣi*]

Saccidananda: lit. bendición de ser consciente; representa a Brahman, la Conciencia Absoluta

sādhu: quien ha renunciado a lo mundano y está dedicado completamente a la realización espiritual; asceta; monje; santo

sahasrāra-chakra: lit. el chacra de los mil pétalos; el séptimo y último de los chacras, también denominado corona; está situado en la cima de la cabeza, en la fontanela, y se dice que es el más sutil dentro del sistema de los chacras, relacionado con la Conciencia pura [*sahasrāra-cakra*]

samādi: éxtasis; absorción de la mente; estadio final de la meditación en yoga

Sāma-Veda: tercer libro de los Vedas

sannyāsa: renunciación; profesar como monje; el cuarto y último estadio (*āshrama*) de la vida humana de un hindú [*saṁnyāsa*]

sannyāsī: monje; un asceta que formalmente se ha iniciado en la renunciación [*saṁnyāsī; fem saṁnyāsinī*]

sat: realidad; existencia: Ser absoluto, uno de los tres atributos esenciales que conforman la naturaleza esencial de Brahman

Sāvitrī: una denominación de Savitr, deidad solar en el Rig veda; aparece nombrado en el Gayatri mantra

shabdabrahman: Brahman en la forma de sonido; la base de todos los sonidos; el sonido sagrado OM [*śabdabrahman*]

shakti: energía divina (*energeia* en griego), a menudo personificada en un principio femenino [*śakti*]

Shiva: lit. el Propicio; deidad hindú muy popular, considerada como una de las formas primarias de Dios; también conocido como Mahadeva (Gran Dios) [Śiva]

Tantra: término genérico para referirse a los cultos tántricos de India (en el hinduismo, budismo y jainismo); sus textos doctrinales se denominan Tantras; el tantrismo pone de relieve la energía femenina (*shakti*) dentro de la realidad bipolar, buscando la unidad entre ambos polos para alcanzar la liberación espiritual

Upanishad: lit. sentarse cerca (del gurú, para recibir su enseñanza espiritual); las partes finales de los Vedas, también denominados Vedānta; su enseñanza principal es el núcleo trascendental del propio ser (el *Ātman*, el Ser) es idéntico al núcleo trascendental del universo (Brahman, lo Absoluto) [Upaniṣad]

vāch: sonido, voz, la palabra eterna, el sonido místico o la esencia del espíritu de la actividad creativa divina. Es la palabra de la revelación.

vānaprastha-āshrama: el tercero de los cuatro *āshramas* (estadios) de la vida humana, que comienza cuando la persona entrega las responsabilidades del hogar a la siguiente generación, se retira gradualmente del mundo y adopta un estilo de vida como de ermitaño; *vānaprastha* significa literalmente retirarse al bosque [*vānaprastha-āśrama*]

Veda: lit.conocimiento; las escrituras sagradas (*shruti*) de la tradición hindú; el conocimiento supremo contenido en los cuatro Vedas: *samhitās, brāhmanas, ārankayas y upanishads*

yama: lit. restricción, control; la primera disciplina del yoga ashtānga de Patányali, que comprende cinco reglas éticas: no posesión (*aparigraha*) celibato (*brahmacharya*) no-violencia (*ahimsā*), no robar (*asteya*) y verdad (*satya*)

yoga: lit unir, amarrar; unión con Dios; la técnicas para transformar la conciencia y alcanzar la liberación espiritual; también se conoce con este término a una de las seis escuelas filosóficas del hinduismo ortodoxo (*darshanas*), cuya enseñanza queda recopilada en los Yoga sūtras de Patányali

Yoga sūtra: aforismos sobre el yoga, explicados por Patányali; comprenden la enseñanza filosófica del mismo autor (asthānga yoga)

yogī: practicante en una de las escuelas de yoga (fem. *yoginī*)

Breve reseña sobre el autor

Swāmi Abhishiktānanda (Henri le Saux, región de Bretaña, Francia, 1910-1973) fue una de las figuras espirituales más sugestivas del siglo XX, que tendió puentes entre oriente y occidente. A los diecinueve años entró en el monasterio benedictino de Kergonan, al sur de la región. En 1948, tras diecinueve años como contemplativo en la tradición monástica occidental, obtuvo permiso de su abad para marchar a India. Dos años más tarde co-fundó el ashram de Shantivanam, a orillas del río Kāveri, en Tamil Nādu. Allí profesó *sannyāsa* y se sumergió en la tradición filosófica y espiritual de India.

Su encuentro en 1949 con Sri Ramana Maharshi, en Tiruvannāmalai, fue decisivo. Entre 1952-54 pasó diversos periodos de semanas o meses en profunda meditación en las cuevas de la montaña sagrada de Arunāchala. En 1955 conoció a otro sabio realizado, Srī Gnānānanda Giri, en Tirukoliyūr (ambos lugares en Tamil Nādu), y se hizo discípulo suyo. Por medio de la intensa *upadeśa* (enseñanza) e ilimitada gracia de su gurú, Swāmi Abhishiktānanda se acercó al corazón del advaita.

En 1959 comenzó a frecuentar los Himalayas, se sentía cada vez más atraído por las montañas, hasta que en 1968 se asentó en un eremitorio junto al Ganges, cerca de Uttarkāshi (Uttarakhand). Allí, en 1971, se unió a él su principal discípulo, Marc Chaduc, y con el transcurso del tiempo desplegaron una profunda relación espiritual. En julio de 1973, dos semanas después del *sannyāsa dikshā* de Marc (que posteriormente fue conocido como Swāmi Ajātananda Saraswatī) sufrió un infarto camino de Rishikesh. Esto le llevó a su Despertar final.

Swāmi Abhishiktānanda alcanzó *mahāsamādhi* el 7 de diciembre de 1973 en Indore (Madhya Pradesh). Su vida y su mensaje continúan inspirando a muchos buscadores de la Verdad, que tratan de vivir una espiritualidad auténtica más allá de las barreras religiosas.

Bibliografía seleccionada

Otras obras del autor

- *Gurú y discípulo. Un encuentro con Srī Gnānananda Giri, maestro espiritual contemporáneo.* Pequeña Tierra, 2017

- *The mountain of the Lord: pilgrimage to Gangotri.* Delhi, ISPCK, 1990

- *Hindu Christian meeting point: within the cave of the heart.* Delhi, ISPCK, 1997

- *Saccidananda: a Christian approach to advaitic experience.* Delhi, ISPCK, 1997

- *The further shore.* Delhi, ISPCK, 1997

- *The secret of Arunachala. A Christian hermit on Shiva's holy mountain.* Delhi, ISPCK, 1997

- *Ascent to the depth of the heart: the spiritual diary (1948-1973) of Swāmi Abhishiktānanda. Selección de sus cartas, con introducción y notas de Raimon Pánikkar.* Delhi, ISPCK, 1998

Bibliografía sobre Swāmi Abhishiktānanda

- du Bolay, Shirley: *The cave of the heart. The life of Swāmi Abhishiktānanda.* Maryknoll: Orbis Books, 2005

- Kalliath, Anthony: *The world in the cave. The spiritual journey of Swāmi Abhishiktānanda to the point of Hindu-Christian meeting.* New Delhi: Intercultural Publications, 1996

- Oldmeadow, Harry: *A Christian pilgrim to India. The spiritual journey of Swāmi Abhishiktānanda (Henri le Saux).* Bloomington: World Wisdom, 2008

- Skudlarek, William; Bäumer, Bettina (ed): *Witness to the fullness of light. The vision and relevance of the Benedictine monk Swāmi Abhishiktānanda.* Brooklyn: Lantern Books, 2011

- Stuart, James: *Swāmi Abhishiktānanda. His life told through his letters.* Delhi: ISPCK, 2000

- Vandana, Mataji (ed): *Swāmi Abhishiktānanda. The man and his message.* Delhi: ISPCK, 1993

ABHISHIKTĀNANDA CENTRE FOR INTERRELIGIOUS DIALOGUE

Agradecemos cualquier información referente a libros, artículos o trabajos de investigación referidos a Swāmī Abhishiktānanda

Abhishiktānanda Centre for Interreligious Dialogue

www.abhishiktananda.org.in

Para comentarios y sugerencias a esta edición

pequenatierra@gmail.com
editor@abhishiktananda.org.in

Para consultas relativas a derechos y permisos

para citas procedentes de las obras de Swāmī Abhishiktānanda

info@abhishiktananda.org.in

www.ingramcontent.com/pod-product-compliance
Ingram Content Group UK Ltd.
Pitfield, Milton Keynes, MK11 3LW, UK
UKHW042003190726
13854UKWH00005B/2137